ガラパゴス政党 日本共産党の100年

Japanese Communist Party

柳原滋雄
YANAGIHARA Shigeo

論創社

ガラパゴス政党　日本共産党の１００年　目次

プロローグ　政権入りの「資格」を問う　1

第1部　朝鮮戦争と五〇年問題

第1章　日本共産党が「テロ活動」を行った時代　8
朝日新聞が「集団テロ」と論評　破壊活動防止法の制定理由は共産党対策
毎日新聞も「暴力主義の党」と指摘
第2章　組織的に二人の警官を殺害　17
練馬署巡査を呼び出して集団で撲殺　白鳥警備課長を至近距離から射殺
第3章　殺害関与を隠蔽し、国民を欺き続ける　26
世間を欺き続けた白鳥裁判運動　六〇年の歳月が確定させた事件の真相
第4章　日本三大都市で起こした騒擾事件　35
一九五二年、日本独立の年の事件　大阪・名古屋に波及した騒擾事件
朝鮮戦争に〝参戦〟した日本共産党
第5章　共産党の鬼門「五〇年問題」とは何か　42
党が分裂し醜く抗争した時代　両派が和解した五五年の六全協

「五一年綱領」を絶賛した宮本元議長　宮本顕治が言い始めた逃げ口上
不破哲三の反知性主義　宮本から小池晃まで続く〝言い逃れ〟の論理
ひとを殺しても責任を負わない政党
第6章　白鳥事件　最後の当事者に聞く（高安知彦・元中核自衛隊員）　63
行動の誤りを認めて自供した中核自衛隊員　ひと仕事終えてから仲間と交わした握手
「皆が日本共産党の犠牲者だった」

第2部　社会主義への幻想と挫折

第7章「歴史の遺物」コミンテルンから生まれた政党　76
見向きもされなかったコミンテルン一〇〇周年　創立年月日があやふやな政党
第8章　ウソとごまかしの二つの記念日　83
「架空」の創立記念日　尻すぼみになったもう一つの記念日　「ソ連盲従」の不都合な過去
第9章　クルクルと変化した「猫の目」綱領　92
地に堕ちた最高指導者・不破哲三の見識　忽然と削除された不都合な文書「五一年綱領」
「科学的」社会主義の崩壊

第10章　原発翼賛から原発ゼロへの転換　101
ソ連原発を天までもち上げた罪　「原子力の平和利用」を容認する
三・一一以降に示した豹変
第11章　核兵器「絶対悪」を否定した過去　109
ソ連盲従で核実験に賛成　日本の原水禁運動に「亀裂」を入れた罪
矛盾解消に動くも、自己保身に終始
第12章　北朝鮮帰国事業の責任　118
北朝鮮を厚く信奉した時代　社会主義を美化して騙した罪　六〇年間反省なし
第13章　沖縄共産党の真実　126
二重党籍だった「沖縄のシンボル」瀬長亀次郎　「五〇年問題」と無縁で済んだ特殊事情
ここでも真実の歴史を隠蔽する日本共産党

第3部　日本共産党〝政権入り〟の可能性

第14章　「スパイ」を最高指導者に君臨させた政党　136
最高幹部の七割が「除名」された過去　野坂の真実を解明したノンフィクション

伊藤律をスパイに仕立てた宮本顕治
第15章　日本国憲法「制定」に唯一反対する　146
三回の採決すべてに反対　当初は象徴天皇と憲法九条を否認　すべて賛成に転じた豹変ぶり
第16章　テロと内ゲバの「母胎」となった前歴　154
日本共産党から派生した左翼過激派　テロを世界に輸出した負の実績
党存続のための虚偽プロパガンダ
第17章　「被災地」での共産党の活動【体験者は語る】（松崎いたる・元板橋区議）　163
複数の帳簿が当たり前の共産党後援会　共産党の被災地支援の実態
品物を配って県議初当選
第18章　「日本共産党は〝横糸〟が欠けていた」【体験者は語る】（冨田静恵・元藤井寺市議）　178
高校教員から市議会議員へ　地元党員らのやっかみと猜疑心　離党届を提出するまで
私が感じた日本共産党の限界
第19章　京都の教訓〜庇を貸して母屋を取られる　191
三度目の政権構想　庇を貸して母屋を取られる　二〇二〇年京都市長選挙
京都社会党の二の舞のおそれ

エピローグ　共産党との私的な関わり　200

付論／日本共産党綱領の変遷

一九五一年綱領（徳田綱領）　206
一九六一年綱領（宮本綱領）　208
二〇〇四年綱領（不破綱領）　221
二〇二〇年改定綱領（志位綱領）　231

主要参考文献　246

ガラパゴス政党　日本共産党の１００年

プロローグ　政権入りの「資格」を問う

二〇二〇年は、朝鮮戦争開戦（一九五〇年）から数えて七〇年の節に当たる。日本共産党の一世紀にわたる歴史を考えるとき、七〇年前のあの時代は、同党にとって特別の意味合いをもっている。

北朝鮮が仕掛けた戦争に、社会主義陣営の中心であったソ連と中国が加担。アメリカを中心とする資本主義陣営と、勢い著しかった社会主義陣営との、いわばイデオロギーで色分けされた局地戦争となった。中国が建国してまだまもない時期である。

このとき、日本共産党は戦地から海を隔てた場所にあって、自国で政権をもつ兄弟党のソ連・中国から特別の要請を受ける立場にあった。日本にある米軍基地などを攻撃し、後方支援の拠点である日本国内をかく乱せよという命令だった。その指令はスターリン（ソ連共産党書記長）によって発せられたことになっているが、同党は翌五一年一〇月、武装闘争を明確にする「五一年綱領」を採択し、朝鮮戦争に後方から事実上〝参戦〟する形をとった。

同党はこれまで反戦平和の党をしばしば強調してきたが、それは戦前・戦中に限った話で、戦後は社会主義陣営による侵略戦争に加担し、自らの手を直接血で染めた経験をもつ「暴力（戦争）の党」にほかならない。その意味では、共産主義政党としての地金を露《あらわ》にした珍しい時代ともいえよう。

日本国内の警察署や税務署、米軍基地などを次々と襲撃し、多くの火炎瓶事件を起こすなど、暴力活動に従事した。実際に警察官二人を党組織の謀略のもと殺害してもいる。当時、共産主義革命は、暴力なしには成し遂げられないとの思想が根強くあった。破壊活動防止法は、この時期の日本共産党の脅威を踏まえて日本国内でつくられた法律である。

当然ながら、戦争に疲れて間もなかった日本社会からは大きな反発を受けた。その後、同党が暴力革命の旗を封印し、議会内で多数党をとる平和主義路線に転換したのは、世論の支持を完膚なきまでに失ったことへの裏返しの行動ともいえた。

本書は同党の「真実の姿」が現れたこの珍しい時期に多くの焦点を当てている。

日本共産党のいまに至る最大の問題は、この時期の責任を正面から負う姿勢を示さないまま、今日までズルズルと来ていることだろう。「一方の分派がやったことだから自分たちには関係ない」。同党の歴代の最高指導者である宮本顕治元議長や不破哲三前議長らは、子どもじみた言い訳をこれまで繰り返してきた。

この時代を指して日本共産党の「本質」が現れた時代とみなすか、あくまで特殊な時代と「例外化」するかは見る人により見解が分かれるところだろう。同党の歴代最高幹部らは後者の立場に固執するが、本書ではあくまで前者の立場から、同党の「本質」が現れた時代と位置づけている（その理由は本文を参照）。

同党の党史におけるもう一つの矛盾は、社会主義国に対する評価が、時代によってコロコロと変わってきた事実だ。

かつては明確に「綱領」とみなしてきた前述の「五一年綱領」を、いまでは都合の悪いものとして正式な綱領とはみなさなくなっていることを差し置いても、彼らが〝最初の綱領〟と主張する「六一年綱領」では、ソ連、中国、北朝鮮など多くの社会主義国が賞賛され、世界におけるこれらの平和勢力は半数にのぼるとまで豪語していた。ところがいまやどうだろう。

不破前議長が主導して全面改正を行った「二〇〇四年綱領」では、世界で社会主義国はいまだ一つも存在しないとの主張に転換され、「社会主義をめざす国」として具体的に中国、ベトナム、キューバの三カ国が言及された。だが、その三カ国ですら、「二〇二〇年綱領改定」においては一切が削除されることとなった。同党の論理では、北朝鮮と同様に中国も、「社会主義国」はおろか、「社会主義をめざす国」ですらなくなった。

日本共産党の多用するキーワードに「科学的社会主義」なるものがある。この場合の「科学的」の意味は、社会機構が資本主義から社会主義に移行するのは科学の法則と等しく確実なことという意味合いがあるようだ。だが現実社会において、社会主義勢力は後退に次ぐ後退を重ね、もはや「科学」の名に値しない代物だ。むしろ科学の眼は、社会主義の理論は、実際にはうまく機能しないことを証明してきたといえる。

その結果、同党はいま何と主張しているか。これまで世界で「正しい社会主義に到達した国は存在しない」「後進国では社会主義はうまく機能しない」「高度に発達した資本主義国の日本でなら社会主義はうまく機能する可能性がある」（趣旨）などと、ソ連や中国の社会主義を否定し、果てしない〝言い逃れ〟の論理を繰り返しているようにしか映らない。要するに、失敗に終わった実験の結末を認めると、自分たちがみじめな存在になってしまうため、頑なに殻に閉じこもった貝のような姿にも映る。

このことは、実は同党自身が社会主義の実像をきちんと描けていなかったことを物語る。当初はソ連を〝完全無欠の全能の神〟のようにもち上げ、中国や北朝鮮に対しても同様の姿勢を示した。同じ政党が、一九九一年のソ連崩壊などにより、「世界にいまだ社会主義に到達した国は存在しない」などと一八〇度の変節を遂げたわけだ。もはや「詐欺商法」の一種ととらえていいレベルともいえる。

社会主義の実験が失敗に終わったことはすでに明らかだ。日本共産党の問題はそれに対する〝正面から〟の反省も、自己批判も存在しないことにある。日本という狭い国内に閉じこもり、いまでは完全にガラパゴス化した存在だ。

繰り返すが、日本共産党は「ソ連」という親の存在なしに産み落とされることのなかった〝不肖の子ども〟である。

冒頭の話に戻るが、戦後同党を再建した宮本元議長は、朝鮮戦争が終わっていた一九五五年の段階でも、暴力革命を容認する「五一年綱領」を天までもち上げる発言を公の席で繰り返していた。不破前議長や志位和夫委員長はこの宮本元議長の〝直系〟の後継者にあたる。

現在、日本共産党は〝野党連合政権〟という名目のもと、同党史上三度目となる政権構想を示し、与党入りを広言する。そうした状況下にあって、同党の「真実の姿」「真実の歴史」を、より多くの有権者に知ってほしいと願って本書を上梓した。

なお本文では敬称をすべて省略させていただいたことをご了承いただきたい。

二〇二〇年弥生

柳原　滋雄

第1部　朝鮮戦争と五〇年問題

第1章　日本共産党が「テロ活動」を行った時代

（1）朝日新聞が「集団テロ」と論評

戦後の日本共産党の歴史を端的に描写すれば、徳田球一（初代党首）がつくっていったんは崩壊させ、宮本顕治が新たに再建した歴史といえよう。そのため同党の戦後史には、徳田球一と宮本顕治の二つの流れが存在する。現在の同党は、徳田派が放逐された後、宮本派が主流となって発展した党として位置づけられる。

「歴史は勝者が塗り替える」とは古今東西に見られる普遍的な現象である。現在の同党の歴史も、勝者である宮本中心の歴史として、党史にとどめられていることは明らかだ。そのため、徳田がソ連共産党が実権をもっていたコミンテルン（国際共産党）の日本支部として一九二二年に創設された日本共産党の創設に関わり、党創設記念日を策定した本人であるにもかかわらず、その功労が党内で大っぴらに語られることはまずない。

そんな日本共産党の一〇〇年におよぶ歴史の中で、党員に火炎ビンや爆発物など武器製造を奨励し、暴力革命を志した時期がある。

朝鮮戦争（一九五〇～五三）が行われたうちの一九五一年から五二年にかけての一年に満たない時期ながら、ピーク時には「警官トラック火だるま」「また警官襲撃さる」「交番

集団テロ

本社記者座談会 (下)

根幹は〝中核自衛隊〟

小隊から大隊まで編成？

記者座談会「集団テロ」を連載した『朝日新聞』（1952年3月7日）

に火炎ビン」「暴力行為　全国に続発」「日共のテロか」といった新聞の見出しが連日のように踊った時代だった。

一九五二年三月、『朝日新聞』は「集団テロ」というタイトルで上・中・下の記者座談会を掲載した。この連載で対象とされた団体こそ、日本共産党にほかならなかった。当時の日本共産党は、権威ある全国紙から「テロリスト団体」と評価されていたわけである。

朝鮮戦争は北朝鮮がしかけ、それを支援するソ連・中国軍と、韓国・米国などの連合軍が戦った、いわば社会主義と資本主義の陣営がぶつかり合った戦争だった（共産側は事実を捻じ曲げ、最初に攻撃された被害者として、長年にわたり虚偽の宣伝を行った）。

ソ連・中国は権力をもたない〝兄弟党〟の日本共産党に対し、武装蜂起による後方支援の役割を期待した。

一九五〇年一月、コミンフォルム（共産党・労働者党情報局）から「日共は生ぬるい」趣旨の路線批判を名指しで受けたことで、日本共産党には深刻な内部対立が起きた。同年六月、朝鮮戦争が始まる直前、マッカーサーにより党中央機関紙『アカハタ』は発行禁止となり、主流派リーダーの徳田書記長ら最高幹部は、軒並み地下に潜り、党は分裂した。いわゆる「五〇年問題」と称する党分裂の時代に、同党の武装闘争は重なる。

火炎ビンを使った警察署などへの襲撃は一九五二年二月の東京・蒲田署警察官襲撃事件を皮切りに、同年春から夏にかけてピークに達した。

警察庁が発行した『戦後主要左翼事件　回想』（一九六七年）をもとに『検証大須事件の全貌』の著者宮地健一が集計した数字によると、この時期の警察署や交番、警察官などへの襲撃事件（火炎ビン、暴行、脅迫、拳銃強奪）は九六件、税務署や裁判所などへの襲撃（火炎ビン、暴行）は四八件におよぶ。

（2）　破壊活動防止法の制定理由は共産党対策

日本共産党による武装闘争は警察署や税務署、米軍の基地・キャンプを対象としたほか、実際に複数の警察官を〝殺害〟してもいる。

一九五一年一二月に東京で起きた練馬署印藤巡査撲殺事件（いわゆる練馬事件）と翌月に札幌で発生した白鳥警部射殺事件が有名だ。

日本が独立した直後の一九五二年五月一日のメーデーでは、東京で大規模な騒擾《そうじょう》事件を引き起こした。それは大阪、名古屋の三大都市にも波及した。これらの流れを年表にすると、以下のようになる。

【一九五〇年】
一　月　コミンフォルムが日共路線を批判
六　月　朝鮮戦争勃発
同　月　『アカハタ』が発刊停止に
【一九五一年】
二　月　第四回全国協議会（軍事方針決定）
一〇月　第五回全国協議会（「五一年綱領」を採択）
一二月　東京で印藤巡査を集団撲殺
【一九五二年】
一　月　札幌で白鳥警部を射殺
二　月　蒲田署警察官襲撃事件（その後多くの警察署等を襲撃）
三　月　政府が破壊活動防止法（破防法）を閣議決定
四　月　日本独立（＝主権回復）
五　月　『アカハタ』復刊
同　月　＊血のメーデー事件（東京）

六月　＊吹田・枚方事件（大阪）
七月　＊大須事件（名古屋）
同月　破防法成立・施行
一〇月　総選挙（共産議席が三五からゼロへ）

日本共産党が組織的に起こした三つの騒擾事件（＊）の一つ、皇居前広場での血のメーデー事件では「空前の逮捕令状数」（『朝日新聞』一九五二年五月一〇日付）となり、吹田・枚方事件、大須事件と合わせ、判明分だけで二三〇〇人を超す大量の逮捕者を生んだ。

共産党、衆院から消ゆ
候補者の名も白々
隠せぬ失望の色
党本部　早くも自己批判
ひっそり閑とした共産党本部
「暴力」と「資金欠乏」
指導的人物にも不足
アンソン氏談

議席ゼロになった総選挙を報じる『朝日新聞』（1952年10月3日）

最高検察庁の調べでは一九五二年の一年間だけで一五〇件もの火炎ビン使用事件が発生したという（『朝日新聞』一九五三年一月一一日付）。

一九五二年四月、日本はGHQ（連合国最高司令官総司令部）から独立したが、当時最大の治安問題の対象とみなされた日本共産党に関し、事態を懸念した日本政府は三月二八日、「破壊活動防止法（いわゆる破防法）」を閣議決定。法案は五月一五日に衆院通過後、七月四日に成立した。

この法律は七月二一日に速やかに施行され、法務省の外局として公安調査庁が新設された。以来、共産党は現在に至るまで、一貫して同庁の監視対象下にある。

（3）毎日新聞も「暴力主義の党」と指摘

こうした破壊活動の結果、同年一〇月一日に行われた総選挙では、三五議席もあった共産党はゼロに激減。『毎日新聞』は「共産党は遂に全滅」（一〇月二日付）、『朝日新聞』も「たった火炎ビン　現実に下された良識」（同）「共産党、衆院から消ゆ」（三日付）などの見出しで大きく報じた。

わずか三年九カ月前の総選挙では、同党最高幹部の野坂参三が東京一区で六万票、志賀義雄が大阪一区で八万票を集めていずれもトップ当選を果たしたほか、東京全区（一〜七区）で議席を獲得した。そのときと対照的に、天から地への落差を味わうことになった。『朝日新聞』が日本共産党の行動を指して「集団テロ」と形容した時代、力をもっていたもう一つの全国紙『毎日新聞』も「暴力主義の党に疑問」（七月一二日付夕刊）の見出しで共産党を〝暴力主義の党〟と表現した。

およそ七〇年前の一九五二年前後、日本共産党がその〝本性〟を顕わにしていた珍しい時代だ。これまで多くの国政政党が同党と政権を共にするのをためらってきた主な理由は、実はこうした過去の行動に大きな原因がある。

メーデー暴動事件 転向者ぞくぞく現わる

なぜ日本人同士が？ 暴力主義の党に疑問

三割以上の者が動揺

転向書の提出者も多い

「暴力主義の党に疑問」と書いた『毎日新聞』（1952年7月12日）

二〇〇四年、同党は〝政党の命〟ともいえる綱領を全面的に刷新する中、その本文では「テロの根絶」が謳われた（二二六頁参照）。だがわずか半世紀前、同じ政党がテロ実行の〝主体者〟であった事実は特筆されてよい。

第2章　組織的に二人の警官を殺害

（1）練馬署巡査を呼び出して集団で撲殺

日本共産党による全国的な暴力活動は、一九五一年一〇月、第五回全国協議会で採択された「五一年綱領」をもとに具体化された方針だった。当時の共産党は、党組織の中に別動隊として「中核自衛隊」という名の武装組織（軍事委員会）を設け、武器の製造・収集を奨励、訓練などを行った。必然的に攻撃対象は、気に食わない警察官などに向けられることになった。

余談だが、当時まだ防衛省・自衛隊が「警察予備隊」「保安隊」と称していた時代である。皮肉なことに「自衛隊」の名称を最初に使用したのは国ではなく、日本共産党という一政党だった。

その共産党軍事委員会の組織が最初に起こした象徴的な事件が、東京・練馬警察署旭町駐在所の印藤勝郎巡査（当時三二歳）を夜間、虚偽通報で呼び出し、集団でメッタ打ちを加えて殺害し、ピストルを奪って逃走した「印藤巡査殺害事件」（いわゆる「練馬事件」）である。

この事件が起きたのは一九五一年一二月二六日。翌日付夕刊の報道によると、午後一〇時半ごろ、大学生を名乗る労働者ふうの男が付近の小田原製紙そばに行き倒れの人がいると駐在所に虚偽の通報を行い、近くの麦畑に呼び出したことから始まる。午前三時になっても戻ってこないのを不審に思った巡査の妻が通報。翌朝、麦畑で顔を血だらけにして息絶えている同巡査の遺体が発見された。

当時、現場近くの小田原製紙東京工場では労働争議が起き、会社側と労働組合が対立。さらに労働組合が分裂して、双方の抗争が激化していたという。ついには組合員同士の傷害事件が発生したため、印藤巡査は捜査や情報収集のためしばしば工場内に出入りしていた。このため第一組合員には巡査に敵意を抱く者もいて、「印藤ポリ公、我々の力をおぼえておけ」「畳の上で死ねると思うな」といった脅迫ビラがたびたび配られていたという。

この事件で、警官殺しの首謀者とされたのは、日本共産党東京都北部地区軍事委員長の男性で、巡査を空き地に呼び出すや、すぐに党員ら数人がかりで角棒、丸棒、古鉄管などで一斉に襲いかかった。

遺体の状況は、背後から背中を強打され、続けて頭部にメッタ打ちを加えられたことを示すもので、死因は鈍器による後頭部の傷とされた。死体に残された十数カ所の傷はすべて顔面と頭部に集中し、強固な殺害意思を裏づけた。

巡査は柔道三段の腕前で背の高い人物だったというが、不覚をとったのか、現場付近の麦畑にはマフラーや帽子が散乱、格闘の形跡や足跡が多く残されていたという。

この事件で一一人の共産党員らが強盗致死などの罪で起訴された。結果、首謀者の東京都北部地区

巡査誘出し殴殺
数人組か、ピストル奪う
異例の合同捜査
柔道三段の印藤巡査

練馬事件の発生を報じる『朝日新聞』（1951年12月27日）

軍事委員長が懲役五年の実刑判決を受け、無罪の一人を除く一〇人全員への有罪判決が最高裁で確定する（一九五八年五月二八日）。

もともと強盗致死罪で起訴された事件だったが、実際は傷害致死罪しか適用されず、そのため罪が軽くなったといわれる。

この事件の特徴は、実行犯など事件の主な容疑者が三カ月以内に速やかに逮捕・起訴され、党として〝言い逃れ〟できる余地がほとんどなかったことだ。それでも党の地下機関紙『平和と独立』（一九五二年二月二八日号）は、「練馬事件も三鷹・松川と同じ明白なデッチあげ」などと一面トップで書きたて、明らかな証拠の残る犯罪でありながら、えん罪であるかのように〝宣伝〟していた。

印藤巡査殺しの主犯
日共北部軍事委員長の矢島勇と判明

矢島勇

不穏計画の中心人物

結核新薬 懐疑論に反ばく
〝菌は抵抗性を持ち毒性を失う〟

映画

日曜御案内

練馬事件の主犯判明を伝える『毎日新聞』（1952年6月7日）

印藤巡査殺害事件が東京で発生した同じ時期、事件の概要は遠く北海道でも、一二月二七日付の『朝日新聞』夕刊などで大きく報じられた。新聞には「共産党の犯行」とは一行も書かれていなかったが、「先を越された！」と地団駄を踏んで悔しがった男がいた。

札幌市警察本部・白鳥一雄警備課長（当時三六歳）の殺害計画（いわゆる「白鳥警部射殺事件」）を秘かに温めていた日本共産党札幌委員会の村上国治委員長である。

後日談だが、村上らは練馬事件の教訓を生かしたのか、実行犯など主要容疑者を国外逃亡させ、事件の決着を故意に遅らせることに成功する。

(2) 白鳥警備課長を至近距離から射殺

村上が留萌《るもい》委員会から札幌委員会の委員長に異動してきたのは五一年秋のことである。党中央では武装方針が確定し、村上にとっては、現場責任者として、軍事組織の立ち上げが急務の課題となっていた。

札幌に来てまもない村上は、北海道大学の学生組織に着目。学生は労働者とちがって時間も十分にあり、頭も悪くない。そのため学生党員を中心に精鋭数名を選抜し、秘かに中核自衛隊の組織を結成した。

当時、札幌では日雇い労働者や北大の党員を次々と検挙する治安側の急先鋒として、白鳥警部の存在が際立っていたという。

「党員はみな白鳥のことを知っていたし、敵対意識をもっていました」

当時の関係者はそう証言する。

一九五二年の年明け、村上は配下の北大生グループに、白鳥警部の殺害方針を伝え、チームを二班に分けて動向調査を開始した。白鳥警部の住む宿舎と職場の警察署側とに分かれ、尾行・張り込みを敢行した。すると、出勤・帰宅時は護衛なしの単独行動で、いずれも自転車を使っての移動であることが明らかになった。

実行犯らは年末年始を使い、付近の幌見峠《ほろみとうげ》などで射撃訓練を行って「その日」に備えた。スナイパー（実行当事者）として、学生より度胸があると思われる労働者あがりのポンプ工が新隊員として加えられた。

一月中旬、新隊員はいったんは警部の背後に近づき引き金を引いたが、実弾が発射されないハプニングが起きた。銃弾の装填《そうてん》ミスが判明し、再度挑戦することになる。

一九五二年一月二一日の夜七時すぎ。自転車に乗って帰路についた警部の背後から、別の自転車で伴走する男の姿があった。南六条一六丁目付近の道路で、ブローニング拳銃を背後から至近距離で二発発射すると、うち一発が白鳥警部の背中を貫通した。

当然ながら、この事件は警察組織と日本共産党との威信をかけた戦いへとつながった。だが警察側は有力情報をもたず、捜査は遅々として進まなかった。手当たり次第に党員らを逮捕したが、事件の核心に至らない捜査が繰り返された。

その間、共産党組織は実行犯であるポンプ職人らを道内の炭鉱労働などに意図的に雲隠れさせ、最後は国外逃亡させた。

北海道新聞　昭和27年1月22日（火曜日）

白鳥札幌市警警備課長射殺さる

銃聲で通行人發見
帰宅の途次、背後から狙い撃つ
當局 日共関係者を洗う

白鳥警備課長

犯人の目星ない　小松本部長談

昨年暮から脅迫状　夫人談　普段と変らず出勤

今朝二時から緊急捜査会議

不具の子を焼殺す　母親"娘の縁談に支障"と

白鳥警部射殺事件の現場

白鳥事件の発生を報じる『北海道新聞』（1952年1月22日）

白鳥警部が殺害された札幌市の現場付近（2018年11月、著者撮影）

それでも捜査網は徐々に狭まり、首謀者である村上は一九五二年一〇月一日、公道上で逮捕された。日本共産党が組織として行った二件目の「警官殺し」の、本格捜査および刑事裁判が始まった。

この事件は、実行犯をはじめとする主要容疑者が国外逃亡したため、練馬事件のように〝早期決着〟で終わらない事件となった。

首謀者の村上国治は殺人罪で起訴され、一審で無期懲役、二審で懲役二〇年の実刑判決を受け、一九六三年一〇月、最高裁で懲役二〇年の刑が確定した。その後再審請求を行ったが、いずれも棄却された。

その間、共産党は総力をあげた弁護団を編成し、村上の無罪獲得運動に躍起となった。それでも多くの状況証拠から、有罪判決が覆ることはなかった。最高裁判決においても、判事全員の一致した判断で有罪となった。

第3章　殺害関与を隠蔽し、国民を欺き続ける

(1) 世間を欺き続けた白鳥裁判運動

一九五二年に札幌で起きた白鳥警部殺害事件は、日本共産党の一部の跳ね上がりが起こした偶発的な事件ではなかった。地下組織とはいえ、同党の正式機関が党中央の方針に従って計画的に引き起こした犯行だった。その意味でこの事件は、日本共産党にとって隠せるものなら隠したい、同党の歴史における「不都合な真実」にほかならない。

彼らは証拠隠滅も平然と行った。拳銃の引き金を引いた実行犯をはじめ、事件に関与した北海道大学の学生など、中核自衛隊員ら一〇人の重要容疑者を党の密航専用船を使って国外逃亡させた。捕まった首謀者の村上国治（札幌委員会委員長、軍事委員長兼務）は完全黙秘を貫き、法廷では偽証のオンパレードを繰り返した。党を守ることが正義とばかりの行動に徹し抜いたわけである。

そのような隠蔽工作にもかかわらず、真実が暴かれたのは、捕まった一部の隊員が犯行を正直に自供したことによる。さらに村上の片腕であった札幌委員会副委員長などが重要な裏づけ証言を行った。

真実を自供した容疑者は主に三人いたが、共産党は彼らを「転向者」「嘘つき」「猿」など口汚く罵り続けた。だが三人の証言内容が客観的事実と符合していることなどが裏付けとなり、村上の有罪認定（一審で無期懲役、二審と最高裁で懲役二〇年）は、最後まで覆ることはなかった。

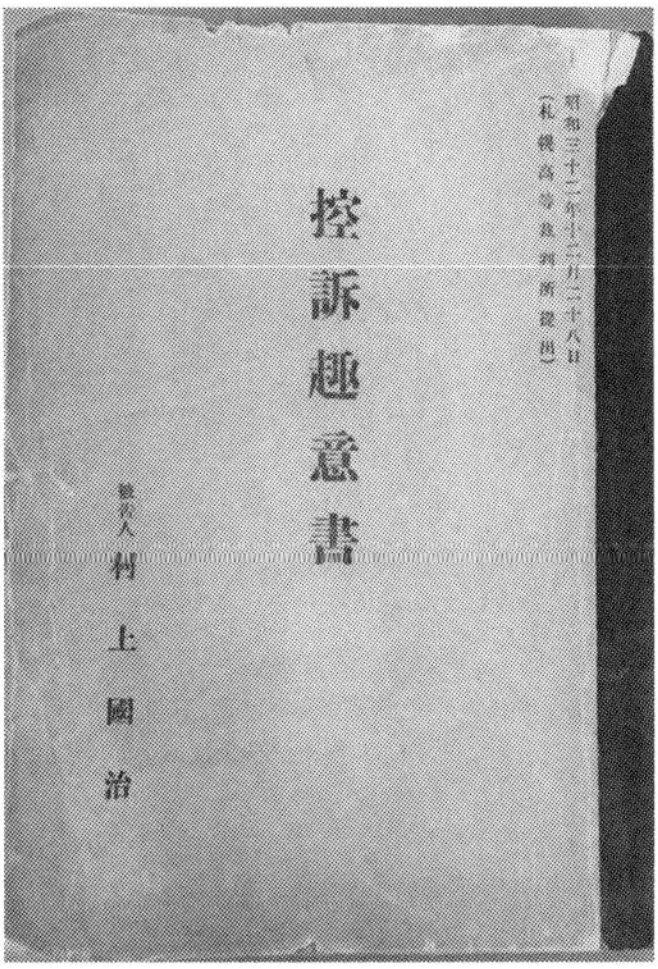

「札幌共産党に軍事組織はなかった」など村上国治のウソだらけの主張「控訴趣意書」

この間、村上が獄中で転向しなかったことを奇貨として、日本共産党は全党あげての「村上無罪」運動を展開した。

事件では拳銃の弾丸以外に物証が存在しないこと（犯行に使われた拳銃や自転車も不明のままだった）、実行犯を組織的に国外逃亡させたこと、当時の武装闘争は違法な地下活動であり日々の会合記録などが残されない性格だったことから、自供者の記憶だけに頼った供述内容は日付などにあやふやな面が生まれ、細部の矛盾を突くことで、村上えん罪説は一般人などにもっともらしく聞こえる素地が生まれた。

一方で、白鳥事件中央対策協議会（白対協）なる運動団体が立ち上げられ、『白鳥事件』という名の専門新聞まで刊行した。無罪をアピールするための複数の映画が制作され、現地調査と称して「殺害現場」や銃弾射撃が行われた「幌見峠」を案内する体験ツアーが開催された。さらに全国的なカンパ集めなど、ありとあらゆる方法を使って虚偽の無罪運動が展開された。集まった再審請求の署名数は一四〇万人を超えたといわれる。

逆にこうした運動がなければ、共産党は「殺人政党」の汚名を着せられ、党存続の危機に陥る事態が予想された。

党の死活問題に直結しかねない問題だったといえよう。同党は三〇〇人もの弁護団を組織し、一大無罪運動を推し進めた。

「白鳥運動」と称されるこの運動は、最高裁で再審請求の特別抗告が棄却される一九七五年まで、四半世紀近くにわたり粘り強く展開された。共産党だけでなく、同じ革新勢力の社会党も同調し、両党系列の労働組合がバックアップした。

この間、日本共産党の最高指導者であった野坂参三は、一九五八年と六六年の二度にわたり、北海道の獄中に村上を訪ねて直接激励を重ねた。党ナンバー2の宮本顕治も、「北の村上、南の瀬長」と、沖縄人民党の瀬長亀次郎と合わせ、村上を共産党の〝抵抗のシンボル〟になぞらえてもち上げた。

村上を賞賛することで、党の危機を救う構図が生まれたともいえる。

現実にはひとりの人間の生命を奪う犯罪を起こしながら、同党は組織をあげた隠蔽工作を繰り広げた。これは《二重の犯罪》にほかならない。

そうした行為が無法集団の暴力団な

白鳥事件
裁判改題
第4回白鳥事件現地調査
真実をつかんだ850人
村上さんとがっちり握手
この目でたしかめた真実
参加者は真相宣伝の先頭に立って行動
主張
現地調査の成果を全国にひろげよう

共産党による「村上無罪」運動は全国的に展開された（専門紙『白鳥事件』）

どでなく、政党という、国民に公の責任をもつはずの組織によって行われたところにこの事件の本質がある。

村上国治は一九六九年、獄中一七年の刑を終えて仮出所した。その間の白鳥事件の経緯を年表化すると次のようになる。

一九五二年　一　月　白鳥警部殺害事件の発生
同　　年　一〇月　村上国治逮捕
一九五七年　五　月　一審判決（札幌地裁）
一九六〇年　五　月　二審判決（札幌高裁）
一九六三年　一〇月　上告審判決（最高裁）
一九六九年　六　月　再審請求棄却（札幌高裁）
同　　年　一一月　村上国治が仮出所
一九七一年　七　月　異議申立棄却（札幌高裁）
一九七五年　五　月　特別抗告棄却（最高裁）

村上は仮出所後も全国各地の集会などで無罪の主張を続けた。だが、一九八五年に自転車泥棒が発覚。党系列団体の役職を降ろされ、晩年はアルコール中毒の日々を送り、九四年、家族が留守のときに自宅で焼死した。

白鳥事件の関係者で、この最期を事故死と見る者はほぼいない。党に見捨てられ、それを苦にした自殺ととらえる者が多いようだ。

さらに国外逃亡した一〇人は一九七三年ごろから望郷の念にかられた者たちがぽつりぽつりと帰国し、最終的に実行犯を除く七人が日本に戻った。だが彼らを犯罪に駆り立てた責任者であるはずの日本共産党は、彼らを守るどころか、機関紙上で逆に「反党分子」として誹謗中傷を加えるありさまだった。

都合の悪い者は切ってしまえという発想が顕著だった。

(2) 六〇年の歳月が確定させた事件の真相

白鳥事件の発生から六〇年がすぎた二〇一〇年代、事件の「真相」を浮き彫りにする書籍が次々と刊行された。

最初に出たのが、『白鳥事件　偽りの冤罪』(渡部富哉著、同時代社、二〇一二年)で、社

白鳥事件の真相を語る３冊の本

会運動家が事件の刑事記録をすべて閲覧した上で独自調査をふまえた労作だった。

さらにジャーナリストが書いた真相本として、『亡命者　白鳥警部射殺事件の闇』（後藤篤志著、筑摩書房、二〇一三年）がある。著者は地元ラジオ局の出身で、海外逃亡した関係者にも執拗に取材を試み、真相に迫った。

加えて『私記　白鳥事件』（大石進著、日本評論社、二〇一四年）は、法律雑誌の編集長を歴任した著者が、刑事裁判の法的な観点からまとめた書物だ。

三冊とも、刑事裁判の確定結果にとどまらず、この事件が日本共産党の組織的犯行であったことを多方面から裏付ける内容となっている。そのため同党は、これらの書籍の内容に〝無視〟を決め込んだまま、何ら反応していない。実際、行えないはずだ。村上国治の弁護団に加わった自由法曹団の元団長でもあった上田誠吉らが、著書『誤まった裁判』（一九六〇年）で「多くの人間をだますことはできない」と綴ったように、さらに村上本人が仮出所後に発刊した『網走獄中記』（一九七〇年）の冒頭で、「真実は必ず勝利する」「謀略は真実には勝てない」と豪語したように、これらの言葉は真実を曲げて党に忠誠を尽くした村上本人、さらにそれらの隠蔽活動を実行させた日本共産党にそのままブーメランとなって戻って来る結果となった。

結論として、日本共産党は、①組織的犯行として殺人に手を染め、②それらの証拠隠滅のために実行犯らを国外逃亡させ、③嘘八百のえん罪キャンペーンを大々的に展開した。当然ながら同党の最高幹部はこの事件がえん罪ではなく、同党が組織的に関わった事件であることを知りうる立場にあったことは資料・証言からも明らかだ。

加えて、④海外から容疑者である党員らが帰国し始めると、口汚く誹謗中傷して自己保身に走った。さらに⑤学生など未来ある有為な若者たちを犯罪行為に駆り立てて人生を狂わせた責任についても、同党は口をつぐんだままである。

日本共産党は「人殺し政党」「証拠隠滅の政党」「目的のために手段を選ばない政党」との批判を現在も甘受せざるをえない立場にいる。

第4章　日本三大都市で起こした騒擾《そうじょう》事件

（1）一九五二年、日本独立の年の事件

敗戦後、ＧＨＱによる七年近い占領をへて、小笠原・奄美諸島、沖縄を除く日本の本土が主権を回復したのは一九五二年四月二八日、午後一〇時三〇分のことだった。

主権回復からわずか三日後の五月一日、メーデーにからんで引き起こされた「血のメーデー事件」は、日本共産党の軍事方針抜きには起きなかった事件といわれている。

明治神宮外苑に集まったメーデー参加者一五万人が、五つのグループに分かれて都内でデモ行進を行った。そのうちの一つのグループは最終地点を日比谷公園に設定。ところがその一部が「人民広場（皇居前広場）に行け」と扇動を始め、デモ隊数千人がコースとしては未届けの皇居前広場に突入した。さらに警官隊と乱闘を始めた。

暴徒らは車両をひっくり返して、放火。消火に駆けつけた消防隊に石や空き瓶を投げつ

けた。さらに警察官を皇居の掘に突き落として投石するなど、やりたい放題の行動だった。これらによりデモ隊の重軽傷者は一五〇〇人以上にのぼり、警官側の重軽傷者も八〇〇人に達したとされる。逮捕者は計一二〇〇人にのぼった。

　不破哲三前議長は、『日本共産党史を語る・上』（二〇〇六年）の中で、「デモ隊が持っているのは赤旗とプラカードだけ。広場に武器をもって登場したのは、デモ隊を襲った武装警官隊だけ」などと、デモ隊擁護に終始するが、翌日付の一般紙は、「市街戦さながらの大乱闘」（毎日）、「デモ隊一部暴動化

アカハタ
5月5日（月曜日）
復刊 第2号
人民廣場血のメーデー
忘れるな！
愛國者を犬死させるな
二重橋に赤旗ひるがえる
廣場うずめる十万
警官の蛮行に血の抗議
全國に愛國の焔を
愛國者の人民葬へ
外人自動車八台をやく
救援カンパを訴える

「血のメーデー事件」の記事で埋め尽くされた『アカハタ』復刊第２号（1952年5月5日）

す　警官隊五千と乱闘　米自動車を焼打」（朝日）など、現場記者の見たままを報じていた。

血のメーデー事件は、刑法一〇六条の「騒擾罪」が初めて適用され、二五〇人が起訴される大事件となった。後年、事件前夜に日本共産党の志田重男・中央軍事委員長が「皇居前広場に突入せよ」と指令した事実も明らかになっている。

この事件の二年近く前にGHQ命令で停刊処分となっていた共産党機関紙『アカハタ』は五月一日に復刊されたが、皮肉にもその出だしの紙面は、メーデー事件をめぐる血塗られた記事で埋め尽くされた。

戦後の新生日本の出発において、共産党がどのような行動をとっていたか。その顕著な足跡は、同党の体質を物語る。

（2）大阪・名古屋に波及した騒擾事件

東京で発生した血のメーデー事件は、当時の共産党指導部に、自分たちの路線が民衆から支持されているとの「錯覚」を生み出した。これを機に、党内の軍事組織（中核自衛隊）をフル稼働させ、火炎ビン大量使用事件を次々と引き起こしていく。

五月三〇日には新宿駅焼き打ち事件を発生させたほか、六月二五日の朝鮮戦争勃発二周年記念日に合わせ、関西でも大規模な騒擾事件を引き起こした。

大阪では前夜から当日にかけ、共産党員らが吹田《すいた》市の国鉄操車場に突入して場内デモを行い、市内各地で派出所などを襲った。逮捕者は二五〇人におよんだ。この事件でも騒擾罪で一〇〇人以上が起訴され、「吹田事件」と呼ばれる。また枚方《ひらかた》市で、時限爆弾の爆発や放火事件が相次ぎ、二つの事件を合わせ一般に「吹田・枚方事件」と呼称する。

吹田事件は朝鮮戦争の開戦記念日（六月二五日）に合わせて引き起こされ、朝鮮人の党員が多く含まれていた。文字どおり、同党関係者が他国の共産陣営に呼応して《大阪で闘った朝鮮戦争》にほかならなかった。

東京・大阪と続いた騒擾事件はその後、名古屋へ波及する。社会主義国・中国を初訪問した国会議員の参加する集会が七月七日、名古屋市内の大須《おおす》球場（当時）で開催されると、火炎ビンで武装したデモ隊と警察隊との間で起きたのが「大須事件」である。この事件でも逮捕者は四〇〇人にのぼり、騒擾罪で一五〇人が起訴される事態となった。

三つの騒擾事件とも、被告人が多人数におよんだため、刑事裁判は二〇年を超える長期裁判となった。多くが共産党員だったが、三つの事件で計五〇〇人以上が起訴され、生活にも多大な犠牲を蒙った。

裁判結果は、大須事件のみが騒擾罪で「有罪」となった。具体的には一一六人が有罪となり、うち五人が実刑判決（最高で懲役三年）に服した。

意外なことにメーデー事件や吹田事件が無罪（騒擾罪）となったのは、騒擾の規模としてはメーデー事件のほうが圧倒的に大きかったものの、事件の初期段階に捜査側に公判を前提とした綿密な態勢が整っておらず、適切な対応を欠いたため、結果として事前謀議を立証することができなかったからとされる（『検察研究特別資料』など）。

これは吹田事件の裁判も同様で、その点、最後に名古屋で起こされた大須事件は、捜査側も万全の準備を行い、警察・検察両首脳あげての取り組みとなった経緯がある。大須事

米軍乗用車に火炎ビン
帆足講演会くずれ　名古屋で乱闘、98名検挙

名古屋で起きた大須事件を伝える『毎日新聞』（1952年7月8日）

件は裁判史上、最長の二六年におよんだ。

後年、日本共産党は、『日本共産党の六十五年』（六五年史）の党史年表で「大須事件」を明記していたにもかかわらず、『日本共産党の七十年』（七〇年史）においては削除。騒擾罪で「有罪」となった大須事件のみを、党の歴史から都合よく抹消した。

（3）朝鮮戦争に〝参戦〟した日本共産党

『検証　大須事件の全貌』は、同党の専従職員の経歴をもつ愛知県の元党員・宮地健一が歴史にとどめた記録だ。

同書では、「一九五二年、日本共産党は、白鳥事件を合わせ、四大武装闘争事件を実行した」と冒頭で記す。

一九五二年一月に札幌市で惹起された白鳥警部射殺事件と上記三大騒擾事件を合わせた四事件について、「日本共産党が行った武装闘争路線・実践の本質は、スターリン・毛沢東らの国際的命令による朝鮮侵略戦争の、後方基地武力かく乱戦争行動だった」と位置づけている。

また、「（筆者注＝一九五一年秋、）宮本顕治も復帰した主流派・日本共産党は、ここにおいて、党史上初めて、侵略戦争参戦政党となった」と指摘する。

当初、共産陣営は朝鮮戦争は韓国側が攻めて始まったと盛んに喧伝して自らの正義をプロパガンダしたが、実際は北朝鮮側から仕掛けた戦争であったことが後年明らかになっている。その意味で、宮地は「朝鮮侵略戦争」と指摘したわけだ。

こうした戦争に、日本共産党は、血を分けた兄弟党として、日本国内において事実上「参戦」した。

同党では、戦前・戦中に侵略戦争に抵抗した事実から「平和の党」とアピールするのが謳い文句となっているが、実際は国内で他国の侵略戦争に加担した「実績」をもっているのだ。

第5章　共産党の鬼門「五〇年問題」とは何か

(1)　党が分裂し醜く抗争した時代

二〇二〇年二月一三日の衆議院本会議で、安倍首相は日本維新の会の議員の質問に対し、日本共産党についての認識を答弁した。共産党を破壊活動防止法の調査対象に指定している理由に関し、「現在も暴力革命の方針に変更はないものと認識している」と答弁し、記者会見で志位委員長が「根も葉もない誹謗中傷だ」と猛反発する場面があった。

翌日付の『しんぶん赤旗』は一面で、「議会で多数を得ての平和的変革こそ日本共産党の一貫した立場」「安倍首相の衆院本会議でのデマ攻撃に断固抗議する」と大見出しを打って反論した。こうしたやりとりは前年三月にも衆院総務委員会で行われ、共産党側が反発した経緯がある。

日本共産党の最大のアキレス腱とされる問題に、この「五〇年問題」がある。

もともと世界共産革命を遂行するコミンテルンの日本支部としてソ連の後押しを受けて結成された日本共産党は、その後四〇年以上にわたり、ソ連共産党の影響下にあった。当時においてもスターリンの意向は絶大であり、宮本顕治政治局員らが一九五〇年一月のスターリンによるコミンフォルム声明に対して受け入れを主張したのに対し、徳田書記長や野坂参三ら主流派幹部は所感を発表し、いったんは拒否する方針を表明した（その後撤回）。そのため徳田・野坂らを「所感派」、宮本らを「国際派」と呼称する。

さらに一九五〇年六月、朝鮮戦争が始まった同じ月に、共産党はマッカーサー（連合国軍最高司令官）によって中央委員二四人全員が公職追放され、『アカハタ』編集部員一七人が追放された。こうした党の《非常事態》に際し、徳田ら主流派は逮捕を免れるため、臨時中央指導部を任命し、自分たちは党専用の密航船で中国へ渡った。

このとき非主流派の立場にあった宮本らとの連携はなく、党は事実上、分裂した。以後の数年間、同党は二つの共産党で争う状態に陥り、徳田主流派（所感派）と宮本らの非主流派（国際派）に分かれて互いに罵り合うなど、組織としての結束を完全に失った。また多くのテロ行為が、主流派主導のもとで対外的に遂行された（国際派がまったくの無関係というわけでもない）。時期的には朝鮮戦争の時代とほぼ重なる。

（2）両派が和解した五五年の六全協

「一九五五年七月の第六回全国協議会（筆者注＝党大会に次ぐ全国会議。以下六全協）は、党史の上で、重大な意義をもつ会議の一つであった。それは過去五年にわたる党の不幸な分裂状態を克服し、党の統一を回復する道をひらいた」（『前衛臨時増刊一四五号・日本共産党第七回大会決定報告集』）

六全協は、戦後の日本共産党の分岐点となった重要な会議である。このときに分裂していた同党は統一を取り戻した。

ちなみに同党の最高決定機関である党大会は、一九四七年一二月に第六回大会を開いたまま、開催されていなかった。

前記は日本共産党が一九五八年の第七回党大会で総括した際に文書に記されたフレーズだが、六全協で党が正式に統一されるまでの五年間、党組織は不正常な状態にあったことになる。問題の核心はこの間になされた《武装闘争》だ。

現在、同党はこれらの不始末についてどのような説明をしているか。

「旧ソ連や中国の指導部によって、誤った軍事行動を、押し付けられた」

責任はまるでないかのように振る舞っている。また冒頭の安倍首相の答弁に対しても、翌日（二月一四日）付の『しんぶん赤旗』は次のように答えている。

「一九五〇年代に、当時のソ連、中国による干渉が行われ党中央委員会が解体・分裂した時代、**分裂した一方の側に誤った方針・行動がありましたが**、これは党が統一を回復したさい明確に批判され、きっぱり否定された問題です」（ゴシックは筆者、以下同）

「日本共産党は、『暴力主義的破壊活動』の方針なるものを、**党の正規の方針として持ったり、実行したりしたことは、ただの一度もありません**」

「五一年綱領」（一九五一年一〇月採択）について、同党はどう主張してきたか。

「党の正規の機関が定めた文書ではなく、**党執行部の分派が勝手に作った文書**」（『しんぶん赤旗』二〇一九年三月二日付・ゴシックは著者）

いまも責任逃れの姿勢に躍起になっている。「五一年綱領」は、「日本の解放と民主的変革を平和の手段によって達成しうると考えるのはまちがい」の一文が武装闘争の根拠となったとされるいわくつきの綱領（二〇七頁参照）で、当時は七年間にわたり正規の綱領と位置づけられていたが、いまでは都合が悪いのか、綱領ではなく単なる文書の扱いに格下げされ、いわば〝抹殺された綱領〟となっている。

ただ同党の分裂が実質的に解消されることになった一九五五年の六全協では、その際の決定文書においてもこの綱領は厳然と生きていた。六全協における文書では、「新しい綱領が採用されてから後に起こったいろいろのできごとと、党の経験は、綱領に示されているすべての規定が、完全に正しいことを実際に証明している」（『アカハタ』一九五五年七月三〇日付）と総括していたからだ。

この六全協には、不破前議長・志位委員長の直接の師匠である宮本元議長が中心的に参加していた。

要するに、当時は「五一年綱領」を全党あげて「完全に正しい」と太鼓判を押していた時代だった。六全協で採択された「党の統一に関する決議」はそのことを端的に示す文書だ。そのまま引用する。

「現在の情勢は、党の団結を何よりも重要としている。全党の団結がなければ、国民の

アカハタ
日本共産党中央機関紙
7月30日（土曜日）
1955年 昭和30年
日刊

徳田書記長の死去について
日本共産党員と国民のみなさんに

一九五五年七月二十九日
日本共産党第六回全国協議会

日本共産党第六回全国協議会の決定と決議

党活動の総括と当面の任務
―第六回全国協議会の決議

党の統一にかんする決議

一九五五年七月二十八日
日本共産党第六回全国協議会

６全協の開催を報じる『アカハタ』（1955年7月30日）。徳田書記長の死亡は2年近くも伏せられた。

団結はできない。一九五〇年に発生した党内の不統一と混乱は、党と国民に対して大きな損害を与えた。この問題については当時の党指導部にも責任があった。とくに、**新綱領ができてから、党の統一の基礎がさだめられたにもかかわらず、全党の統一を十分に実現できなかったのは、党指導部の重大な責任**である。党はこの経験から貴重な教訓を学び、今後どんな場合にも、党の統一を守るために、全力をつくさなければならない。この党の不統一を克服することによって、すべての党員が固く団結し、民族解放民主革命の実現のために奮闘することを訴える。同時に**新綱領の実現のためにたたかう**ことを望みながらいまだ戦列に復帰していないすべての同志、党の誤った政策のために、党から離れている善意ある同志諸君に心から団結の手をさしのべる。一九五五年七月二十八日　日本共産党第六回全国協議会」（『アカハタ』七月三〇日付・ゴシックは筆者）

要するに、統一後のこの会合において、「五一年綱領」は「完全に正しい」とのお墨付きを与えていた証拠にほかならない。つまり、「分派が勝手に作った文書」どころの話でなく、当時の共産党が宮本本人を含めて全党あげて支持した文書（綱領）だった。

（3）「五一年綱領」を絶賛した宮本元議長

実際、宮本自身、日本青年館で開かれた六全協の説明会（六全協記念政策発表大演説会）では自ら壇上に登っている。そこで「五一年綱領」について宮本は、「**数年間の経験はこの新綱領がしめした道がまったく正しかったことを証明しています**」と声をあげ、一九五一年から五五年までの四年間の年月を肯定してみせた。

さらに、「**正しい綱領**をもちながら」「あの**輝かしい新綱領**」「この**綱領は今回の決議のみちびきの星**」「かならず**大衆の多数が党の綱領のしめす方向を支持する**日がくるでしょう」（『アカハタ』五五年八月一九日付・ゴシックは筆者）などと、同綱領に最大級の賛辞を送っていた。

これらの事実は、六全協から三カ月近くたって開催された徳田球一の党葬における、野坂参三の「葬送のことば」にも明確に示されている。

日本共産党の戦後の初代党首であった徳田が中国の地で病死したのは一九五三年一〇月一四日。日本ではその事実は二年近くも伏されていた。五五年の六全協の席で初めて一般党員および対外向けに事実が公表され、同年一〇月の命日に日本共産党による党葬が行われた。葬送のことばを述べたのは、徳田に次いで戦後二代目の党首（第一書記）に就任してもない野坂だった。

『アカハタ』に掲載された野坂の挨拶文の一部を、やや長くなるが引用してみよう（一九五五年一〇月一五日付、ゴシックは筆者）。

「一九四五年、日本帝国主義が敗北して、わが党が公然と活動する機会をえたとき、徳田同志は、刑務所から出されたその日から、不眠不休の努力によって、党の再建を指導しました。それから**八年間、彼は、党書記長として、わが国の歴史の上に特筆される事業をなしとげた**のであります。（中略）一九四五年末には、僅かに数百名の党員をもつにすぎなかった党が、四年後におこなわれた国会選挙では三百万の支持者を獲得するまでに成長したのであります。（中略）徳田同志は、党をまもり、独立と自由の闘争をつづけるために、地下に入り、地下からわが党を指導しました。そして、わが国民と党の進むべき正しい道を明確にし、党を団結させ、国民を団結させる基礎を示すために、彼は過去の革命運動にたいするきびしい自己批判の上にたって、**党の『新しい綱領』の完成に心血をそそぎました。この綱領が、わが国民に光明をあたえ、わが民族の独立と平和の闘争を鼓舞し、組織している**ことを、だれも否定することはできません」

この場合の「新しい綱領」が、「五一年綱領」を指すことはいうまでもない。さらに野坂はこう語る。

「彼は、革命の事業なかばで倒れました。その事業を完成する責任を、彼は、われわれ

第六回全国協議会の基本的意義

〔2〕

宮本顕治

いままで、とかく党中央が責任をもつべき性質の欠陥があった場合でも、中央の方針は正しかったが、それを実践する下級機関に弱点があったとか、あるいは、これらの欠陥がすでにあらためられる方向にあるので問題はなくなった、とかいうことですまされることがかなり多かった。欠陥が改善の方向にむかっているということで、いろいろの欠陥に目がふさがれる傾向が強くありました。しかしこんどはそういうやり方とは反対に党活動にあらわれた大きな欠陥の原因を根本的にえぐりだしてこういう決議をおこなったのであります。問題にたいしては徹底的に検討する、こういう態度をとったのであります。これは別の面から見ますと、自己の誤りや欠陥を大胆にえぐりだすことができるように、党が成長した結果であると私は確信しております（拍手）

今回の全国協議会の開催にさいしては、ソ同盟共産党中央委員会と中国共産党中央委員会からも熱烈な期待をこめたメッセージがよせられました。そしてこの会議の結果についてもコミンフォルムの機関紙や中国共産党の機関紙などで報道しております。

われわれは、これまでの党の欠陥を大胆に克服し正しい方針にもとづいて着実に進んでゆくならば、それはかならずや人民の実際活動の中で豊かに実を結び、本当に国民の広い信頼を集めうる状態が必ずくると考えます。

「党活動の総括と当面の任務」についての決議は、党中央の自己批判として、先ず党の団結の問題をあげています。一九五〇年以来の党の分裂と混乱を解決してゆく点について重大な欠陥があったということが第一にのべられています。第二の問題は、[illegible]一・一方針以来いわれている極左冒険主義の問題であります。これについてもこの極左冒険主義によって新綱領のめざす民族解放民主統一戦線の結成ということに正しく目をむけることができずあやまった方向に党の努力をかたむけた点が深く省みられています。第三の問題は労働運動、農民運動、知識層の間の活動、その他のいろいろな大衆運動の指導にあたって、党がセクト主義、独善的なセクト主義のあやまりをしばしば犯したということをあげています。

決議はこれらの欠陥をしめすと同時に、これを克服する基本点をしめしています。この決議にある日本の革命運動の基本方針とはあのかがやかしい新綱領がわれわれにしめしたものです。数年間の経験はこの新綱領がしめした道がまったく正しかったことを証明しています。この綱領は今回の決議のみちびきの星であります。独立した平和な民主的な日本を建設する、これがわが党が民族解放民主革命を通じて実現する基本目標であります。それを実現するために、わが党は労働者、農民その他の広はんな国民のなかで、ねばりづよくたたかって、国民の思想的支持をえなくてはなりません。とくに労働組合員の多数から支持されるようになることは、農民を農民組合に組織してゆく仕事とともに決定的に重大なことであります。労働者、農民をはじめ国民の結集によって、民族解放民主統一戦線をつくるとともに、それを正しく指導できる

「51年綱領」を「輝かしい新綱領」と賛美する宮本顕治の演説を紹介した『アカハタ』（1955年8月19日）

にのこしたのであります。しかし、同時に、**徳田同志は**、その事業を完成するに必要な基礎をも、また、**われわれに残した**のであります。それは、実に、**党の『新しい綱領』**であります。そして綱領にもとづき、これを発展させて、われわれは、第六回全国協議会の『決議』と『規約草案』をつくりました」

時は一〇年以上くだった一九六七年、当の宮本顕治は『朝日ジャーナル』のインタビューで次のように語った。

「いわゆる『新綱領』（五一年綱領）は四全協（筆者注＝第四回全国協議会）の極左冒険主義の路線を是認し、強化した所産なんです。その作成にあたっては、主にスターリンが指導的な役割を果し、中国共産党も同調してだされたものです」（一九六七年七月三〇日号）

はっきりいえることは、六〇年代後半になっても、宮本は「五一年綱領」を、同党の〝過去の綱領〟として、明確に認めていた事実である。その上でこうも語っていた。

「極左冒険主義の路線は、以上の党の分裂状態からみれば、**党中央委員会の正式な決定でなかったことも明らか**なことです」（同）

責任逃れの最たる言葉だ。正式な決定ではなかったから、我々に責任はない、問題はないと正当化した発言にほかならない。宮本は翌年のＮＨＫテレビでもこの論理を繰り返した。

「いわゆる『火炎ビン事件』というのは、これはよくいろいろなときにもち出されるのですが、あのとき、共産党は実際はマッカーサーの弾圧のなかで指導部が分裂していて、**統一した中央委員会でああいう方針をきめたわけではない**のです。ですから、**党の決定にはない**わけです。一部が当時そういう、いわば極左冒険主義をやったので、それは正しくなかったといって党はこれを批判しています。したがって**党が正規にああいう方針をとったことはなかった**のです」（『赤旗』一九六八年七月一日付・ゴシックは筆者）

（４）宮本顕治が言い始めた逃げ口上

これらの論理は宮本顕治に始まり、その後も不破哲三、現在の志位執行部と、半世紀以上にわたって延々と引き継がれている。最近も「党の正規の方針として持ったことはない」などと主張している通りだ。正規の機関で決定したことではないので自分たちに責任はないというが、はたしてそうだろうか。

正規の決定であれ、不正規の決定であれ、当時の日本共産党という組織の方針のもと、実行された行為であったことは、客観的にみれば動かしようがない。彼らの主張は、姑息な言い逃れにしか聞こえない。

ましてや「少数は多数にしたがい、下級は上級にしたがい、積極的にこれを実行しなくてはならない」との民主集中制を〝党風〟とする同党にあって、武装闘争路線は当時の主流派幹部（＝多数派）が決定した方針にほかならないものだった。

現執行部のいう「分派が勝手に作った文書」の「分派」とは、当時の主流派幹部らを指すと思われるが、何のことはない。この「五一年綱領」の策定には、分裂状態にあった党をもとの正常な状態に戻す意図があったとさえ指摘されている。

例えば、先の『朝日ジャーナル』の宮本インタビューに記載されているものの、その記事が転載された『赤旗』紙面（一九六七年七月二八日付）で、意図的に削除された部分が複数存在する。一つは、『朝日ジャーナル』記者による以下の質問の言葉だ。

「新綱領（筆者注＝「五一年綱領」のこと）は北京に亡命していた徳田さんが、ソ連、中国の助言にもとづいて起草したものだということは、当時、私たちも聞いていました。しかし、**新綱領は全党の統一を指示していたため、これに反対する徳田さんはスターリンに直談判したが、いれられなかったといわれていますね」**（ゴシックは筆者）

このくだりは『赤旗』紙面からスッポリと削除されている。「五一年綱領」は、実際は分裂した日本共産党を統一するためにスターリンらが同党につくらせたと『朝日ジャーナル』記者は指摘していた。このことは先の宮本の「数年間の経験はこの新綱領がしめした道がまったく正しかったことを証明しています」との言葉とも響き合う。

（5）　不破哲三の反知性主義

時はくだって二〇〇〇年七月、不破哲三委員長は、東京国際フォーラムで行われた党創立七八周年の記念講演会で、これらの件について公式の場で初めて弁明した。この年二月の大阪府知事選挙・京都市長選挙で相手陣営のビラなどでこの問題をさまざまに指摘され、委員長の不破自ら反論せざるをえなくなったことによる。ここで語られた内容は、論理的には宮本の理屈をそのまま継承したものにすぎなかった。

「私たちは、党を分裂させたこの人びとをいま、『徳田・野坂分派』と呼んでいます。五〇年以降の時期の**『軍事方針』というものは、この分派が党を分裂させ、党の決定にそむいて日本に持ち込んできたもの**であります。しかもこの方針は、スターリンの指揮のもと、ソ連・中国の干渉者たちがつくりあげて、『北京機関』を通じて持ち込んだものでした。ですから、日本共産党の大会とも中央委員会とも何の関係もありませんでした。**日本共産党の正規の機関が武装闘争や暴力革命などの方針を決めたことは一度もない**のであります。この時期に党の分裂に反対した人びとは、徳田・野坂らの分派的な行動に反対すると同時に、彼らが持ち込んだ武装闘争の方針に対しても真っ向から反対しました。その**先頭に立ったのが、政治局員だった宮本顕治さん**であります」（『しんぶん赤旗』二〇〇〇年七月二三日付・ゴシックは筆者）

さらにこうもつづける。

「反共派が〝火炎びん闘争〟などといっていま問題にしているのは、この時期の徳田・野坂分派の行動であります。つまり、ソ連・中国のいいなりになって党を分裂させ、北京に拠点を構えた**徳田・野坂分派が党大会の決定にそむいてやったこと**であります。今日の日本共産党がこの分派の後継ぎであるかのようにいいたてるのは、歴史を無視したまったくのいいがかりにすぎません」（同）

勝者の歴史さながらの公正さを欠いた主張と感じる。日本共産党版の「反知性主義」ともいえようか。「反知性主義」とは事実と関係なく、自分の見たいように歴史を見る態度のことを指すが、不破の論理は、現在の志位執行部にそのまま受け継がれ、同党幹部らによっていまも繰り返されている。

例えば二〇一九年にも、書記局長の小池晃が三月二日のツイッターで、「党の正規の機関で『暴力革命の方針』など一度もとっていない」などと同じ理屈を繰り返していた。

これらの事実は、仮にこの党が政権与党に入った場合、都合の悪い指摘にはこのような不誠実な対応を繰り返すことをあらかじめ証明したものということができる。

(6) 宮本から小池晃まで続く〝言い逃れ〟の論理

この章の冒頭で示した『赤旗』掲載の「分派が勝手にやったこと」との主張は、常識的にはおよそ社会では通用しないものだ。しかも六全協において五一年綱領を「完全に正しい」と褒め称えていた張本人はだれあろう、不破や志位の政治上の師に当たる宮本元議長にほかならなかった。

宮本は一九五五年八月に日本青年館で開かれた六全協の説明会で自ら壇上に登り、五一年綱領を「正しい綱領」「輝かしい新綱領」「綱領は今回の決議のみちびきの星」(『アカハタ』一九五五年八月一九日)などと最大級の賛辞で褒め上げたことは前述のとおりだ。

この時点の宮本は、党においては中央委員および集団指導体制を担うために新設された「常任幹部会」の責任者であり、かつ機関紙部門の最高責任者、さらに書記局員も務めていた。

その宮本が「正しい綱領」「輝かしい綱領」と称賛してやまなかった五一年綱領に対し、現在の同党は「党の正規の機関が定めた文書ではない」「分派が勝手に作った文書」などと主張している。

こうした責任逃れの言い回しは、書記長の徳田球一が死亡（一九五三年）し、戦後の草創期の最高幹部であった志賀義雄が除名された（一九六四年）あとの一九六七年ごろから、宮本自身によって言い始められたと見られる。

前述のとおり、宮本は「極左冒険主義の路線は、党中央委員会の正式な決定ではなかった」（一九六七年）、「火炎ビンの問題についても党全体できめたわけではない」（一九六八年）などと党分裂を理由として、自分たちには責任がない旨を主張してきた。

だがその基礎となる「五一年綱領」を宮本本人が天までもち上げてきた事実は前述のとおりだ。

（7）　ひとを殺しても責任を負わない政党

日本共産党は一九五一年二月に第四回全国協議会を開催。さらに同年一〇月の第五回全国協議会で、平和的手段による革命を否定する「五一年綱領」を採択した。同時に「武装準備の方針を開始しなければならない」との軍事方針が党内で徹底された。

その結果、一九五一年一二月の練馬事件（警官撲殺）、翌五二年一月の白鳥事件（警官射殺）を皮切りに、全国で多くの火炎ビン事件が発生。交番や税務署を炎上させ、東京・大阪・名古屋では騒擾事件が起きた。これらの行動の一連の社会的責任を具体的に問われるようになったのは、党が統一された以降のことである。

一九五五年七月、代々木の党本部で開催された六全協は、徳田書記長の死亡発表とともに行われた。徳田の死去により後ろ盾を失った「所感派」は弱体化し、「国際派」の宮本らが実権を取り戻して力関係が入れ替わる形となった。

勝者が歴史を塗り替える――。歴史上よく見られる光景だが、宮本らによる「分派が勝手にやったから今の党には関係ない」との論理は、事実の上でも正しくない。

なぜなら同党の歴史を記した『日本共産党の七十年　党史年表』（一九九四年）によると、志賀義雄や袴田里見など国際派の面々も、実際は暴力革命の象徴である肝心の「五一年綱領」を採択する五全協の前には自己批判書を提出して党に戻っていたからだ。宮本自身についてもそのころ自己批判書を提出して主流派に合流復帰したとの指摘が残っている。

当時同じ国際派の亀山幸三（党中央委員）が秘かに書き取ったとされる、宮本顕治の手によるという文書によると、「五一年秋、地下活動に入ることを求められ、これに応じ、宣伝教育関係の部門に入れられることになった……」。この記述からすると、宮本も志賀や袴田と同じく、五全協が行われた時期には党に戻っていた可能性が高い。つまり、徳田一派が中心になって行ったと彼らが主張する暴力革命路線だが、少なくとも外形的には、彼ら自身もそれに「加担」する立場にあったというのが歴史の真実なのだ。

だが同党の総括文書とされる『日本共産党五〇年問題資料集』（一九五七年、新日本出版社）に、宮本自身のそのような文書は収録されていない。もし掲載されていれば、武装闘争以前に党内復帰していたことが確定し、肝心の「分派が勝手に作った文書」との言い訳も成り立たなくなる……。

まして同じ政党内で起きた問題である。党外の人間から同党の〝体質問題〟であると指摘されたら、同党の現在の言い分など成立する余地もない。

仮に会社組織で考えてみればわかりやすい。世間でよく名の知られた一部上場会社で、一つの派閥が社会的に問題を起こし迷惑をかけた事件が過去にあったとする。その別の派閥の同社幹部がその後、「あれは別の派閥が引き起こした事件であったので、我々には何の関係もない」と公言したとしたら、社会からどのように見られるだろうか。責任をとろうとしない無責任な態度と反発されることは明白だ。白鳥事件の関係者は、次のように振り返る。

「正規の共産党がやったことではないから責任はないという論法がまかり通るのなら、当時、（白鳥事件を起こした）北海道に共産党という組織そのものが存在しなかったことになってしまいます。そんなバカな理屈は通りません」

どの派閥が主導したにせよ、部外者から見れば、どちらも同じ共産党としかみなされない。ましてや不破哲三や志位和夫の師である宮本一派も、「五一年綱領」の採択、暴力活動の着手・実行〝以前〟に党に戻っていたのだ。

武装闘争から六八年――。日本共産党は、その社会的責任から半世紀以上も逃げ続ける、責任を負わない団体の見本のような存在である。

第6章　白鳥事件　最後の当事者に聞く

――高安知彦・元中核自衛隊員

白鳥警部射殺事件は、日本共産党札幌委員会の地下組織である軍事委員会（中核自衛隊）によって決行された組織的かつ計画的な犯行だった。中心的な実行犯三人は海外逃亡後二度と日本の地を踏むことなくすでに他界している。また計画の中心者であった村上国治（軍事委員長）も九四年に死去した。実質的に唯一、元隊員で生きているのは逮捕後の取り調べの渦中、事実をありのままに述べて共産党から「嘘つき」呼ばわりされた高安知彦氏だけである。札幌市の自宅でインタビューした。

（収録・二〇一八年一一月八日）

（1）　行動の誤りを認めて自供した中核自衛隊員

――体調を崩されたようですが、お体は大丈夫でしょうか。

高安　一年前に四カ月ほど入院しました。今までおとなしくしていた胆石がまた暴れだしまして。退院してからの経過は今のところ順調です。

——白鳥事件の実行犯（中核自衛隊員）で生き残っているのはお一人だけですか。

高安　もう関係者はみんな逝ってしまって……。事件の関係では僕ひとりだけです。

——高安さんは逮捕された後に正直に犯行を自供され、共産党から「裏切り者」扱いされましたね。大変辛い思いもされたんじゃないですか。

高安　私は皆さんが思うほど苦しい思いをしたことはないんです。割り切っていましたから。結局逮捕されて、検事がたまたま面白い人で、安倍治夫さん。あんな人見たことありませんでした。

——それでしゃべる気になったということですか。

高安　そうです、真実を話す気になりました。ですから党からは裏切り者扱いされました。党の立場からいえば、当然のことで、もっと酷い目に遭うのかと思っていました。その割には直接的に攻撃されたことはありません。札幌の道路なんかでばったり昔の党員と会ったりすると、懐かしそうに声をかけてくる。ある人は党にカンパしてくれとまでいってきましたよ。おかしな話ですね。裏切り者の私に声をかけてくるなんて。機関紙などで私のことをさんざん攻撃していたけど、直接面と向かって僕を攻撃した人間はほとんどいないんです。ということは、彼らだって（共産党の犯行であることは）わかっているんですよ。

——当初は仲間を裏切ることに抵抗はありませんでしたか。

高安　それは辛かったですよ……。安倍検事の説得で党を辞めようと思ったけど、離党届けを出してからしゃべるようになるまでに半月くらいかかりました。半月間、悩みに悩みました。党を辞めることは決めたけど、やっぱり一緒にやってきた仲間を裏切ることが辛かったです。あんなに辛い思いをしたことはありませんでした……。

——中核自衛隊の結束はそれだけ強かったと。

高安　固かったですね。考えてみるとい い奴らばかりでした。党員の中でも結びつきは強かった。共通の秘密をもっていた点もあったと思います。そりゃ党の中のこと

インタビューに応じる高安知彦さん（札幌市の自宅）

は普通であっても秘密だけど、やはり軍事を一緒にやってきた関係ですからね。同じ北大細胞という結びつきもありました。

――党の中では特殊な任務でしたね。

高安 それほどエリート意識のようなものはなかったと思います。

――振り返ると、青春をかけた戦いでしたか？

高安 そうですね。党員としては僕は挫折したことになるんですが、後悔はしていません。

――やったことが間違いだったと、どの時点で思ったのですか。

高安 やはり人を一人殺すということは大変なことです。そういうことに首を突っ込んだというのはやはり異常な世界ですよね。いまから考えれば一つの時代だったと思います。

――白鳥事件で高安さんが関わったのは、白鳥警部の動静調査（張込み・尾行）のみですね。

高安 そうですね。あまり長くやって気づかれたらもともと子もなくなりますからね。いい加減なところでやめておこうということで、十日間くらいでしたね。

（2） ひと仕事終えてから仲間と交わした握手

――一月（一九五二年）に入った段階で、村上委員長は白鳥警部をやる（＝殺す）とメンバーに伝えたんですね。【事件発生は一月二一日】

高安　そうです。当時の札幌の党の中では白鳥警部を狙うことは当初から決まっていました。問題はいつやるかということだけでした。

――記録は残さなかったんですか。

高安　メモは一切もっちゃいけないことになっていましたから。メモがあるとすれば、暗号的にちょっと。終わればすぐに処分してしまいますから。単に記憶だけの話ですので、後で裁判になったとき、さまざまな日にちのズレが出たことは仕方のないことだったと思います。

――軍事のグループでは。

高安　白鳥警部をみな目の敵にしていました。党の事件を取り締まるときに、白鳥さんはいつも堂々と先頭になってくるから余計に目立ったんです。僕らが同行調査をやっても、別に護衛が付くわけでもなく、悠々たるものでした。共産党なんか舐めてかかっている。頭からそういう態度なんです。札幌の党員だったらみな（白鳥警部の）顔は知っているし、あの野郎と思っていたと思います。だからといって普通は殺していいとはならないわけですが。

――高安さんは事件の発生をどの時点で知ったのですか。

高安　偶然です。たまたま現場の近くに部屋を借りて住んでいたんです。同じ住民の女性が、いまそこでピストルで殺人事件があったといったので、すぐにピンときました。僕は（隊員のだれかが）やったんだなと思いました。

――次の日、北大近くの部屋で隊員全員が集まった。握手をしたそうですが。

高安　無言で、だれがやったとかそういうことは一切いわないで……。

――俺たちはひと仕事終えたという意味の握手ですか。

そういうことです。

――当時、党の軍事部門の中で火炎瓶、手榴弾はずいぶんと研究されたんですね。

高安　やってましたね。たいしていいものはできないけど、ハハ。

――ご自分で火炎瓶を投げた経験はありますか。

高安　ありますよ、テスト的にね。実際は（投げる機会は）なかったですが。

――当時の共産党の状況と、オウム真理教の事件とはよく似ていると指摘する人もいます。

高安　かなり似ていると思いますね。純粋すぎて引っ張り込まれるのか、ある意味では若者を引っ張り込む魔力的なものを認めざるをえないですね。どちらもバカまじめなところが似ています。

――北海道ではこの事件はいまだにタブー視されているんですか。

高安　道内では白鳥事件は党がやったこととみな知っていて、古い連中はみな知っていて、それでも黙っている。

（3）「皆が日本共産党の犠牲者だった」

――村上国治さんの人生ですが、最後は可哀想でしたね。

高安　可哀想ですよ。あの男もねえ。

――村上さんのことは嫌いではなかった？

高安　おっちょこちょいだったけど、人間としては好きでした。事件もなしに付き合っていたら、結構面白い友達だったんじゃないかと思います。国治が網走（刑務所）から出てきて、札幌に来たときに僕に会いたいと（人を介して）いってきた。僕もちょっと考えたけど、「いいよ、会いましょう」と。それまでの法廷では僕のことをさんざん「裏切り者」と罵っていたので、言い合いになるのかと予想していました。むしろそのほうが僕も割り切れるからいいんじゃないかと考えたんです。でも実際会ってみるとまったく違いました。二時間くらい話したんだけど、彼は事件のことは一言もいわないの。事件のこと以外の、懐かしい話ばっかりして。最後は握手して別れたんだからね。彼もそういう点では僕のことを割り切っていたんでしょうね。可哀想な気がします。いっそのこと党を辞めてしまえばすっきりしたんでしょうけど、そこまでできなかったんだろうな。

――村上さんは何を誤ったと思いますか。

高安　僕みたいに間違っていたから党を辞める、と割り切るのが辛かったんだと思います。過去の自分を否定することにつながりますから。（海外に逃亡した仲間も）二度と日本の土を踏まずに死んでしまった。みんないろんな葛藤を背負ってあの世に逝ってしまいました。

――当時の党の方針は間違っていた？

高安　ソビエトを先頭にした世界革命は〝幻想〟でした。

――日本共産党は白鳥事件はいまだに党が正式にやったことではないと言い張っています。

高安　もういい加減やめたらどうでしょうか。（事実を）認めるべきだと思いますよ。認めてそこから出発しないと、いつまでもいい加減な（態度の）ままでは、本物の政党にはなれませんよ。（事実に対して）もっときちんとした党であっていただきたいですね。

――村上元委員長は日本共産党による犠牲者だと思われますか。

高安　僕は犠牲者だと思います。

――海外に逃亡した仲間たちも。

高安　犠牲者ですね。

――ご自身はどうですか。

高安　犠牲者なんでしょうね。僕はそれなりに割り切ったから、自分ではそんなには思ってはいません。

【たかやす・ともひこ】　一九三〇年九月、六人兄弟の長男として北海道小樽の歯科医の家に生まれる。余市《よいち》高校卒業後、五〇年、北海道大学農学部入学。同年、日本共産党に入党。五一年中核自衛隊（共産党札幌委員会）に入り、独自グループで活動展開。五二年一月の白鳥事件に間接的に関わる。五三年六月、名寄《なよろ》市で逮捕され、同年七月自発的に「脱党」。以降、事件の全容を明らかに。北大卒業後、防疫関係の財団法人などに勤務し、防疫会社の社長を務めた。

＊

高安知彦氏は二〇〇六年に一連の事件の経緯を振り返って長文の「白鳥事件覚書――元日本共産党札幌委員会、中核自衛隊員の手記」を別途書きとどめた。原稿用紙で二〇〇枚を超えるこの長編手記は、小樽商科大学の今西一名誉教授の手によって、中部大学から発行された『アリーナ・第二一号』（二〇一八年一一月）の「テロルの『兇弾』白鳥事件・高安知彦氏の手記」として全文掲載された。

そこには自身の生い立ちから始まって、事件に関与するまでの道のりが詳しく描かれている。事件が発生した一九五二年から、最高裁判決によって白鳥事件運動が幕引きを図られる七五年までを振り返り、高安氏はあとがき部分で次のように書く。

「私は一人の日本共産党員として、この計画に参加していた。このため私は、三年近い拘置所生活を過ごすことになった。『我が青春に悔いなし』とは、とてもいえない苦悩のひと時であった」

さらに日本共産党の責任について、次のように振り返る。

「もしも仮にも、この事件が謀略によるえん罪であり本当に党が無実だったのであれば、白対協運動は権力の陰謀を告発する闘争として、永遠に継続しなければならなかったのである。またこの事件でえん罪で逮捕拘禁されるのを避けるために中国に亡命させたという関係者たちを、最後まで擁護する責任が党にあったはずである。それを党は、それまでペテンを使ってまで積極的に進めてきた白対協運動を突如中止し、闘士としておだて上げた村上氏を最後に捨て去り、危険を避けるため亡命させたはずの中国帰国者たちを、のちには『反党分子』として扱うことで、事件が現在の党とは無関係であったかのように、取り繕ろうとしたのであった」

高安さんの長編手記を掲載した『アリーナ第21号』

「このようにみてくると、結局党にとってこの事件の我々関係者たちは、過去の誤った戦術方針によって生じた単なる使い捨て要員であって、またその後の党にとって邪魔者にしかならないことになってしまう。ましてやこの事件の事実を、またそれを生じることになった原因を、真摯に自己批判しようという姿勢など一片もなかったと、考えざるをえない」

その上で高安氏は、日本共産党に対し、結論として次のように訴えて手記を終えている。

「真の国民の党として前進したいのであれば、この手記に示した党の体質ともいえる、あるいは過去の党が持っていた内部矛盾点を、それを象徴的に示していた白鳥事件と、それにまつわる多くのペテン行為の事実をさらけ出し、これに対する真摯な自己批判と国民大衆への謝罪を公表し、裸になって出直すしかない、と私は思っている」

「自己批判とは、たとえどんなに苦しくても、誤った全ての事実を直視することから始まるものであって、公党としてはそれを背負う責任があり、また大衆に向かってきちんと公表すべき義務があるはずである」

以上は、いまだ「白鳥事件は誤った分派によるもので、現在の党とは無関係」と主張する日本共産党への、当事者からの言葉である。

第2部　社会主義への幻想と挫折

第7章　「歴史の遺物」コミンテルンから生まれた政党

（1）見向きもされなかったコミンテルン一〇〇周年

一〇〇年あまり昔の一九一九年三月四日、モスクワに世界から五一人の男女が集まって世界的な政治組織が結成された。「共産主義インターナショナル」、別名「コミンテルン」と呼ばれるこの組織は、その一年半前にロシアでレーニン指導のもと世界最初の社会主義革命が成功、この流れを世界に拡散する「同時革命」推進のための機関としてつくられた（その後スターリンの手で四三年に解散される）。

コミンテルンの結成には社会民主主義勢力を切り離し、純粋な共産主義者だけで革命を押し進めるとのロシア革命を成功させたレーニンの強い意志があった。当時、「共産主義の妖怪」が世界の指導者に恐れられ、国際的に注目を集めた出来事である。

だが、その歴史的な出来事から一〇〇周年の佳節を迎えた二〇一九年三月、日本国内でコミンテルンを振り返る報道は皆無に等しかった。欧米でも似たような状況だったようで、コミンテルンはすでに世間から完全に忘却された「二〇世紀の遺物」「博物館入りした出来事」にすぎない実状を裏づけた。

この章でこの問題を取り上げるのは、コミンテルンの誕生と日本共産党の歴史は、切っても切れない不即不離の関係にあるからだ。

コミンテルンなしに日本共産党が一九二二年の時点で産声をあげることはなかった。その意味でコミンテルンの歴史は同党の「出自」に決定的な意味をもつ。

世界の研究水準を示すマクダーマット＝アグニュー『コミンテルン史』(大月書店)

一九一九年から四三年まで、およそ四半世紀の歴史をもつコミンテルンが途中から変質したことはよく知られている。きっかけとなったのは一九二四年、創設者であったレーニンの死去だった。

ロシアで起きた初めての社会主義革命を世界に輸出することをめざし

たコミンテルンは(特に当初はドイツを想定)、それまでは加盟各党の自由な議論もある程度は保障されていた。しかしドイツ革命が失敗に終わり、その後すぐにはロシア以外に革命が波及しない状況が明らかになると、コミンテルンは唯一の社会主義国として孤立無援となったソ連を守るための「従属物」へと変質していったとされる。その結果、革命の連鎖はすぐには起きなかった。

レーニン没後に権力を握ったスターリンは、「ひとりのスパイを横行させるよりは二人の無実な者を逮捕するほうが正しい」(『コミンテルン史』)とのハンガリー人指導者の進言に見られるように、自らの権力保持のため、無数の革命家を罪なき罪で粛清(殺害)する《大テロル時代》をもたらした。

「簡単に手に入る一巻本のコミンテルン史」「教科書的な概説書」という名目のもと、英語で執筆された『コミンテルン史〜レーニンからスターリンへ』(一九九八年)は、チェコの労働運動史の専門家とイタリア共産主義運動研究家による共著だ。

そこにはスターリンによる粛清で殺された人数は、ドイツ共産党の政治局員に限っても、ヒトラーのもとで殺害された人数より多かったという史実をはじめ、当時ソ連居住の万単位の一般党員、外国人党員らも「発作的な暴力をまぬがれることはできなかった」と記されている。

日本からも共産主義思想に希望を見出して多くの若者がロシアに渡った。そのほとんどがこのテロルで殺害された。被害は、一九三六年から三八年くらいにかけて集中的に起きたとされる。

日本人で生き残ったのは、戦後日本共産党の「表看板」となった野坂参三くらいともいわれる。その野坂も自分が生き延びるために、無実の日本人同志をスパイ扱いする手紙をコミンテルン上層部に密告。いわば間接的な殺人に手を染め、自らの難を乗り越えたことが発覚した理由で後年、一〇〇歳という年齢で除名となった。

コミンテルンは世界の共産主義政党を会員とし、一九三五年までに世界大会が七回開催された。執行委員会総会は一九三三年までに一三回開催されている（執行委員会は各国代表者で構成される中央委員会のようなもので上部に幹部会があった）。

戦後日本共産党を率いた徳田球一は同党から派遣され、一九二二年の極東民族大会や二六年の第六回執行委員会総会に出席したほか、野坂は日本共産党の代表者として扱われた時期がある。

いずれにせよ、日本共産党の創設とされる一九二二年からコミンテルン解散の一九四三年までの二一年間、同党は真に「独立した政党」とはいえず、ソ連を中心とするコミンテルン（国際共産党）の「一支部」にすぎなかった。要するに日本共産党は、外国政党の一部として出発した特殊な政党なのである。現存する日本の政党の中で、そのような例はほかにない。

当時の日本共産党の最高指導者は、まぎれもなくソ連のスターリンその人だった。そのため同党がソ連に〝盲従〟する習性は、戦後も長らく続いた。

（2） 創立年月日があやふやな政党

一九八九年のベルリンの壁崩壊、さらに九一年のソ連崩壊で東西冷戦は終息に向かう。先の『コミンテルン史』は「コミンテルンの遺産」と題するあとがき部分で、「一部の学者にとっては、共産主義の全計画は一九一七年一〇月のそもそもの始めから根本的に『まちがって』いたのであり、『世界史的な詐欺』であったのだ。このような見解はいまでは、敵意をもつ西側の専門家にかぎられない」と締め括っている。

コミンテルンに加盟していた多くの共産主義政党が党名を変更し、社会民主主義政党に衣替えするなど、コミンテルンおよび戦後のコミンフォルム（共産党・労働者党情報局。コミンテルンの後継組織として一九四七年に設立、スターリン死後の五六年に廃止）を中心とした国際共産主義運動は、実質的に「解体」を余儀なくされた。

一方で、日本共産党は、コミンテルン由来の「共産党」の名称を現在も使用し、武装蜂起・暴力革命に適した組織原理である「民主集中制」（下級は上級の決定に絶対的に従わなければならない）を非政権政党として堅持する、世界でも珍しい共産主義政党とされる。

同党は二〇一九年の統一地方選の中で、候補者のポスターに「反戦平和つらぬいて九六年」の文字を明記していた。一九二二年七月一五日の創立記念日から数えて九六年という意味だろうが、実はこの日が当初から創立記念日だったわけでないことはあまり知られていない。

一橋大学の加藤哲郎名誉教授が二〇〇六年に発表した論文「『党創立記念日』という神話」（『社会運動の昭和史』所収）によると、同党は「もともと非合法・非公然の秘密結社として発したものであり、さまざまなグループの小さな会合の積み重ねがあり、『創立大会』『創立綱領』『創立記念日』があったかどうかも、長く秘匿されてきた」、同党自身も戦前は「一九二一年創立を前提としていた」と指摘する。

だが戦前、多くの共産主義者が治安維持法違反などで逮捕された際、各自が創立記念日についてバラバラの供述をし、裁判上、統一的に確定させる必要が生じた。その際、獄中にいた徳田球一の主張に合わせ、一九二二年七月一五日に確定させた経緯があったという。

要するに、日本共産党の創立記念日は、史実に合わせてそうなったというより、法廷で裁判所・検察から日付の確定を求められ、便宜的にそう決められたものにすぎない。

つまり同党の創立記念日は、検察をはじめとする権力側の要請によって定められた記念日といってよいものだ。

第8章　ウソとごまかしの二つの記念日

(1)「架空」の創立記念日

日本共産党の創立記念日は七月一五日とされている。一九二二年から数えて二〇二〇年で九八周年となる計算だ。だが、同党の創立記念日なるものが、史実に基づく日付でないことはすでに紹介したとおりだ。

例えば公明党の結党記念日が一九六四年一一月一七日、東京・日大講堂（現在の両国国技館）で一万五〇〇〇人の党員を集めて行われた結党大会という客観的な史実に基づくのに対し、日本共産党の創立記念日には確たる裏づけが存在しない。

日本共産党を産み落としたコミンテルンそのものは、一九一九年三月にモスクワで設立され、早い段階から同団体の機関紙において日本共産党の名称も登場していたという。学説的には二一年四月に結成されたとの見方も有力で、事実として確定しないまま、同党は二二年七月一五日を創立記念日として振る舞ってきた。

なぜこのようなことになったかといえば、七月一五日という設定自体、一部の人間の記憶に基づき決定されたからだ。

もともと非合法政党としてスタートした同党は、戦後同党の「顔」となった野坂参三元議長の言葉を借りれば、「創立当時の日本共産党は数百人にも達しなかった。コソコソと秘密の会合しかできなかった」(『アカハタ』一九五七年一一月七日付)のが実態で、どれが設立総会に当たるかといった明白な史実も存在しなかった。

一九二八年に共産党関係者は治安維持法によって一網打尽に逮捕され、被告人らの供述では結党の日付が定まらず、裁判上確定させる必要が生じた。結局、戦後最初の同党指導者となった徳田球一の記憶に基づき、決められた結論が七月一五日とされる(加藤哲郎「党創立記念日という神話」)。

これは同党が「コソコソ」と活動し、事実を記録に残さなかったことによる必然的な帰結だった。記録に残せば官憲の有力証拠となることが予想され、当然ながら党として文書を残さない方針をとってきたからだ。

徳田球一は創立記念日を七月一五日と決定づけるなど党史において重要な働きをした人

全世界の勤労者諸君！

11月7日（日曜日）

アカハタ

自由と平和と獨立
人民民主政府

偉大なる十月革命31周年万歳！

教訓はただちに實行せよ
—十月革命三十一周年を記念して—

諸懸案解決の熱なし

早期に解散の氣
政府 國會準備

1948年11月7日の『アカハタ』は「偉大なる十月革命31周年万歳」の見出し

万国の労働者団結せよ！

11月7日（土曜日）
1959年 昭和34年
日刊 第3078号

アカハタ
日本共産党中央機関紙

主張
十月社会主義大革命
四十二周年を迎える

きょう十月社会主義大革命42周年

戦争のない社会への道

1918年1月のレーニン

ソ連共産党中央委員会へメッセージ
日本共産党中央委員会

1959年11月7日の『アカハタ』

物であるにもかかわらず、この日に合わせて徳田の名前が『赤旗』紙面に載ることはけっしてない。まして党幹部によってその功績が宣揚されることもない。

日本共産党は創立記念日に合わせ、いまも毎年のように最高幹部による記念講演会を開催するのが通例だが、以上のような歴史の真実が紹介されることもない。

(2) 尻すぼみになったもう一つの記念日

日本共産党がコミンテルンによって産み落とされた政党であることはこれまで述べてきたとおりだ。コミンテルン創設のもととなったのは、一九一七年一一月七日(ロシア旧暦一〇月)に世界で初めて達成された社会主義革命で、この「ロシア十月革命」が起点となっている。そのため日本共産党にとっても一一月七日は、党における重要記念日であり続けた。

戦後の一一月七日付の『アカハタ』紙面を可能な限りさかのぼってみると、以前の日本共産党はこの日になると必ず社説などで革命記念日の意義に言及し、特集紙面を組んでいた。党として記念講演会を設定することも多かった。

例えば一九六〇年の「十月社会主義革命　四三周年記念集会」における宮本顕治書記長

（当時）のあいさつは以下のようなものだ。

「**人類史上はじめての社会主義革命の成功は、**マルクス・レーニン主義によって指導される**共産党によってこそはじめてなし遂げられた。以後の四十三年間に、**階級闘争、プロレタリア革命、ブルジョア国家、帝国主義などに関するマルクス・レーニン主義の諸原則は、**ますますその正しさが歴史によって証明され……**」（一九六〇年一一月一一日付・ゴシックは筆者、以下同）

その上で当初はソ連一国にすぎなかった社会主義革命が中国を含め十数カ国に広がり、世界人口の三分の一に広がったと胸を張っていた。

その二年前の「十月革命記念集会」でも宮本は、「**十月革命は、数千年来進歩的な人間にとって夢であり理想であった人による人の搾取のない社会を打ち立てました**」（一九五八年一一月七日付）など、ロシア革命の意義をもち上げていた。その上で、すべての社会主義国もバラ色であるかのように『アカハタ』紙面は強調した。

様相が一変するのは一九六四年に入ってからだ。まずソ連との関係が微妙になり、六六年になると中国との関係も悪化する。平たくいえば、革命方針の違いによるものといえるが、一一月七日付の紙面も、六〇年代に入って微妙に変化していく。

毎年のように十月革命を「人類の奇跡」のようにもち上げ、特集を組んでいたアカハタ紙面が徐々にトーンダウンした。

筆者が調査したところ、同党が社説にあたる「主張」で十月革命を正面から取り上げたのは、一九七七年の「十月革命六〇周年にあたって」と題するものが最後となった。

だがこの段に至っても相も変わらず、「十月革命以来の六〇年は、資本主義から社会主義への移行が人類史の必然であることを、いっそう明らかにしている」などと、社会主義を盲信するように称賛していた。

現在の同党は、「ソ連の覇権主義と戦ってきた唯一の政党」などと自分たちを正当化している。

だが実際は一〇〇年近い党史の中で、そのソ連と対立した期間は実は半分にも満たない期間だ。少なくとも、創立の一九二二年から六六年までの四四年間、あるいは前記の十月革命六〇周年の社説が掲載された七七年を基準にすれば、実に五〇年以上、日本共産党はソ連に「盲従」するか、ソ連の十月革命を「人類史の必然」などと煽り続けてきた。その事実は日本の政治史から消えてなくなるものではない。

しかし、頼みの綱であったソ連は、一九九一年にあえなく崩壊。日本共産党は一転して、「ソ連党とたたかって三〇年」と題するリレー連載を始めるなど、ソ連を「歴史的巨悪――覇権主義」とあからさまに罵り始めた。

世に〝手の平返し〟という言葉があるが、彼らは自己保身に逃げ込むことで、事態を乗り切ろうと躍起になったのである。

(3) 「ソ連盲従」の不都合な過去

古い『アカハタ』をひも解けば、事実は明らかだ。日本共産党は一九六三年の時点(一一月七日付)においても、

「十月社会主義大革命　きょう四六周年記念日」
「めざましい社会主義国の発展　充実する社会保障制度」
「上がる賃金　下がる物価　労働に無限の創意」
「寿命も一段と伸びる」

「住宅費がただになる」

など、社会主義国がバラ色であるかのように延々と宣伝を続けていた。その延長上に、北朝鮮帰国事業（第一二章）も行われた。いま、その日本共産党はなんといっているか。

「ソ連や北朝鮮は社会主義・共産主義とは無縁。私たちがめざす未来社会はまったく違います」（『小池晃対話集』新日本出版社、二〇一九年）

党の最高幹部が平気な顔をして述べている。

かつては「すべての社会主義国は素晴らしい」と躍起になって演出していた政党が、いまでは「彼らは関係ない」「可能性があるのは高度に発達した資本主義国にある日本共産党だけ」などと語っている。

同党の近年の主張だけに目を奪われて〝ブレない政党〟などともち上げる評論家や元政治家などをたまに目にするが、歴史をたどれば、これほどまでに「ブレつづけた政党」も珍しい。

与党であれ野党であれ、ウソと誤魔化しは有権者への裏切り行為だ。日本共産党は自らをソ連と戦ってきた立派な政党などと持ち上げる一方、それ以前にソ連に「盲従」した不都合な過去には意図的にふれようとはしない。確信犯的な誤魔化しの手法そのものである。

日本共産党はコミンテルン支部としてスタートした〝ソ連製の政党〟であり、その結果、長らくソ連に「盲従」した過去をもつ。実に党史の半分以上がそうだった。

それだけではない。元時事通信記者が書いた『秘密資金の戦後政党史』（二〇一九年）によれば、日本共産党は一九五一年から六三年にかけて、判明している分だけでも総額八五万ドル（現在の三〇億円以上に相当）の資金援助をソ連共産党から受けていた実態が明らかになっている。

いずれにせよ同党が当初、社会主義の正当性・優越性の最大の根拠としてきたソ連邦はもはや存在しない。いまでも「実験」が潰えた事実を誤魔化すため、さまざまな論法を駆使して生き残りを図る姿は、まさにガラパゴス政党そのものだ。

第9章　クルクルと変化した「猫の目」綱領

（1）地に堕ちた最高指導者・不破哲三の見識

「他の政党と比べて、綱領をこんなに熱心に学んでいる政党はありません」

「私たちの綱領は、長い目で見て歴史の試練に耐えるものです」

委員長の志位和夫が胸を張ってみせたのは二〇一〇年末、全国の党員向けにインターネット中継で呼びかけた「綱領教室」での出来事だった。

日本共産党の最高指導者・不破哲三によれば、「綱領とは日本共産党の根本の方針を定めた文章」（『報告集日本共産党綱領』）という。その綱領を二〇二〇年一月、同党は第二八回党大会において重要な部分を改正した（二三一頁参照）。

振り返れば、同党の「根本の方針を定めた文章」のはずの綱領の歴史は、そのまま同党の真実の歴史を浮き彫りにする。実は以下を指摘する論者があまり見られないことのほうがむしろ不思議なくらいである。

日本共産党の〝公式見解〟によれば、同党の正式な綱領は一九六一年の第八回党大会で採択されたとする。「六一年綱領」はそれまでの暴力容認路線を捨て、議会で多数をめざす平和路線に転じたことが最大の眼目だ。

その後、一九七三年、七六年、八五年、九四年と改正が重ねられ、二〇〇四年までの四三年間、その綱領は生き続けた。宮本顕治書記長を中心につくられた綱領であるため、「宮本綱領」ともいわれている。だが当時の時代背景はいまとは全く異なっ

万国の労働者団結せよ！

アカハタ

日本共産党中央機関紙

8月2日 水曜日

綱領こそ日本人民解放の道

第八回党大会 人民への訴えを発表し終幕

独立、民主、平和日本へ

中央のもとに鉄の団結

新中央委員会を選出

中央委員

中央統制監査委員の氏名

中央委員候補

日本共産党 第八回

61年綱領を採択した第8回党大会の閉幕を伝える『アカハタ』（1961年8月2日）

ていた。

「六一年綱領」では「ソ連を中心とする世界民主勢力の勝利」「中国革命の偉大な勝利」「社会主義の勝利は不可避」などの言葉で社会主義の優位性を煽り、「万国の労働者団結せよ」を合言葉に、「ソ連を先頭とする社会主義陣営、全世界の共産主義者」をもち上げる内容だった。当然その中に北朝鮮が含まれたことはいうまでもない。

時代はくだって一九九一年、社会主義陣営の〝先頭〟であったはずのソ連は崩壊。二〇〇二年には北朝鮮による日本人拉致も明白になった。

そうして日本共産党は二〇〇四年の党大会において宮本綱領の抜本改正を行った。「六一年綱領」では「世界人口の半分以上をしめる平和地域」（二一四頁参照）と書かれた社会主義陣営に関する記述が、「社会主義をめざす新しい探究が開始され」「人口が一三億を超える大きな地域」（二一四頁参照）などへ改変された。

不破は「社会主義をめざす国」との新設規定について、「わが党が、わが党自身の自主的な見解として、そういう判断をおこなっていることを表現したもの」と説明。さらに「この判断は、その国の政府や政権党の指導部の見解をうのみにしたものではなく、実証的な精神に立っての私たちの自主的な判断」と強調した。

その上で「社会主義をめざす国」「一三億」の対象について、「中国、ベトナム、キューバであって、北朝鮮はふくめていません」とはっきりと述べていた。

つまり、二〇〇四年採択の「不破綱領」では、宮本綱領におけるそれまでの「社会主義諸国」という言葉が「社会主義をめざす国」へと紙切れ一枚で〝格下げ〟され、かつては世界人口の三分の一と主張していた対象国は中国を含めた三カ国に限定される始末だった。

付言すると、中国共産党と日本共産党は六〇年代に関係が断絶したが、不破の主導で一九九八年に関係修復した経緯がある。ところが二〇〇四年に三カ国に限定したはずの「めざす国」の記述を、二〇二〇年の党大会でさらに〝全面削除〟してみせた。理由として中国の領海侵犯や香港やウイグルでの人権侵害などの問題行動を挙げた。

つまるところ、かつて「世界人口の半分」と誇らしげに記述された「社会主義諸国」などの記述が、四三年後には「一三億」へ縮小され、さらに二〇二〇年には記述なし（＝ゼロ）へと変化した。

同党の綱領文書における記述の変遷そのものが、実は地球上における社会主義・共産主義の現実を映し出した姿といえる。

冒頭に引用した「私たちの綱領は長い目で見て歴史の試練に耐えるもの」との志位和夫

の発言がいかにゴマカシに満ちているかを自ら証明した姿といえよう。

（２）忽然と削除された不都合な文書「五一年綱領」

「六一年綱領」採択の翌一九六二年、同党中央委員会出版部から『日本共産党綱領集』という党内向けの資料となる書籍が発刊された。

冒頭の「刊行にあたって」という部分で、「六一年綱領」は単独で存在するものではなく、「創立以来の日本共産党の闘争とその綱領的立場を継承、発展したものとして、それ以前のものと重要な関連をもっている」と説明している。「現在のわが党綱領を、わが党の闘争と綱領の歴史的発展との関連でより深くつかむための重要な文献」と位置づけている。つまりそれ以前の綱領（「五一年綱領」）との関係性などを読者に読み取ってほしいとの趣旨は明らかだった。

書籍の内容は戦前の綱領である「第一部」と戦後の綱領の「第二部」に分かれるが、肝心なことは、当初は「第二部」の中に、「五一年綱領」（綱領―日本共産党の当面の要求）が収録されていた点だ。

そのことは、当時の認識として、「五一年綱領」が同党にとっての重要文書であり、過去の〝正式な綱領〟として取り扱われていた事実を証明する。

「五一年綱領」には、「日本の解放と民主的変革を、平和の手段によって達成しうると考えるのはまちがい」（二〇七頁）との一文があり、一九五一年末から翌五二年にかけて同党が組織的に行った複数の殺人事件、火炎瓶大量投てき行動などの〝暴力活動〟を裏づけた綱領として知られる。

だが一九六二年発行の『綱領集』では確かに収録されていたその「五一年綱領」は、筆者の調査では七〇年発行の「第二三刷」では忽然と姿を消した。後になって〝都合の悪い文書〟とみなされ、党側の方針により故意に削除されたことは明らかだった。

「51 年綱領」が途中から削除された党発行の『日本共産党綱領集』

現在の同党は「五一年綱領」について、〝当時の分派が勝手に作成した文書〟という扱いをする。要するに、自党にかつて存在した「綱領」が現在の感覚とそぐわなくなったので〝歴史になかったもの〟として取り扱っているわけだ。これでは与党の公文書管理のあり方を批判する資格など、同党にはまったく存在しないといわざるをえない。

これらは、中国やベトナムをかつての「社会主義諸国」から「社会主義をめざす国」へと〝格下げ〟したのと同じ手法ともいえよう。

客観的に明らかなことは、彼らの主張する「分派」とは党内のみで通用する閉鎖的な用語であって、「五一年綱領」が当時の同党の主流派（＝多数派）によって採択された、まぎれもない「綱領文書」であった事実は動かしようのないことだ。

（3）「科学的」社会主義の崩壊

日本共産党の定義する社会主義・共産主義が時代に合わせて都合よく改変され、自分たちの生き残りのために、いいようにねじ曲げられてきた歴史は明らかだ。同党の多用する言葉に「科学的社会主義」というものがあるが、これは党員を洗脳するための一種の宗教用語としてとらえるべきものだろう。

ここでいう「科学的」は、別の言葉でいえば「法則的」という意味のはずだ。それはかつて信じられていた、資本主義はさまざまな矛盾を露呈し必然的に社会主義に向かうといういわゆる「神話」に基づくものだが、実際は世界で三分の一が社会主義で占められた時代から、盟主のソ連もすでに消滅し、社会主義国はもはや中国、キューバ、ベトナムくらいしかなくなった。その国々でさえ同党はいま、「社会主義に至っていない」と後付け的に規定をやり直した。

これらの経緯は、彼らの理念のどこにも「法則性」がないことを示している。むしろ社会主義の実験は、どこでもうまくいったためしがないというのが、科学の眼といえよう。日本共産党の拠って立つ理念は、すでに完全に瓦解している。

現在の同党が強調するのは、日本のような高度に発達した資本主義国で社会主義的変革に取り組んだ経験は世界になく、これは世界史的な実験であるという同党にとってははなはだ都合のよい主張である（二四四頁参照）。

状況に合わせて共産主義の定義を都合よく変遷させてきた行動――。

「六一年綱領」であれほどまでにソ連、中国をはじめとする世界の共産主義諸国をバラ色のように描いた世界観が、その後三〇年で、現実とはまったくそぐわない代物へと変化した。

要するに、歴史の風雪に耐えることのできない世界観だった。

だがその誤りを反省することなく、不破前議長らは「二〇〇四年綱領」を新たに策定。さらにそれも二〇年とたたずに現実とそぐわなくなった。二〇二〇年の改定はその客観的事実を物語る。

状況に応じて「猫の目」のようにクルクルと変化してきた日本共産党の綱領――。同党は現在の綱領の冒頭で、自らを「科学的社会主義を理論的な基礎とする政党」と謳う。志位委員長は、綱領は「政党の命」と党員向けに教育してきた。だがその「命」であるはずの同党の綱領の歴史は、「ウソ」と「ゴマカシ」に満ちている。

かつて同党のナンバー4の立場にいた筆坂秀世元政策委員長は、最近の著作の中でさまざまな事例を示した上で、「不破氏はほんとうに間違いが多い」「社会主義国への評価を誤ってきたことへの反省など微塵もない」（『日本共産党と野党の大問題』）と指摘しているが、正論そのものの主張と思えてならない。

第10章　原発翼賛から原発ゼロへの転換

（1）ソ連原発を天までもち上げた罪

二〇一九年七月の参議院選挙を目前にした五月末、立憲民主、国民民主、社民、共産など野党五党派が党首会談を開き、共通公約にサインしたというニュースが流れた。一三項目にわたる政策要望書は左派色の強いもので、うち一項には「原発ゼロ実現を目指す」の項目が入った。志位和夫はこの文書を「野党共闘の旗印」ともち上げてみせたが、調印した別の党幹部（国民民主）は、「これは共通公約ではない」と否定し、足並みの乱れが際立つ形となった。

日本共産党は二〇一一年以降、東日本大震災に伴う福島第一原発事故を受け、原発廃止を訴える「原発ゼロ」を主張している。だがこの党が過去に原子力発電についてどのように発言し、行動していたかを知ると、〝ブレない野党〟などと一部でもち上げられる同党の姿はまやかしにしか映らなくなる。

戦後まもなく、原子爆弾の開発においてアメリカに遅れをとったソ連は、科学技術の研究開発に全精力を注ぎ込んだ。その結果、人工衛星や月ロケットなど多くの競争でアメリカより先行することになった。原子力発電所の操業開始も、社会主義の優位性を示すための格好の手段として進められた。

操業を始めたのは一九五四年六月二七日のことだから、ソ連でスターリンが死去し朝鮮戦争が終結した五三年の翌年にあたる。

国内では日本共産党の武装闘争によって同党の人気が地に堕ちていた停滞の時期に当たる。そんなときにソ連がアメリカに先んじて原子力発電所の操業を始めたというニュースが当時の『アカハタ』の一面トップを飾った。見出しには、

「ソ同盟　原子力発電所操業を開始」

「平和的利用を実現」

「人類史に新しいページ」

「社会主義の勝利」

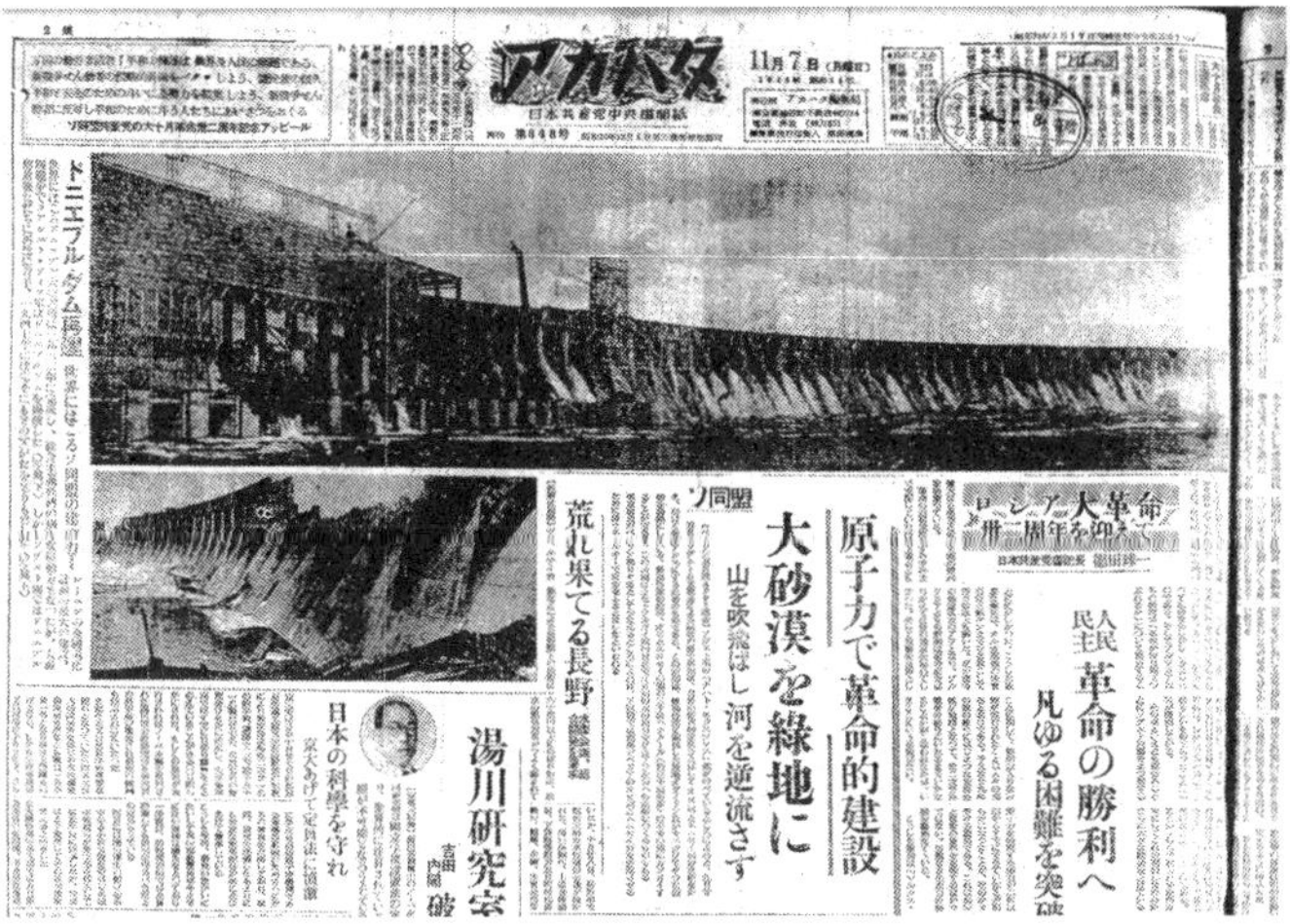
アカハタ
日本共産党中央機関紙
11月7日
ドニエプル・ダム再建
原子力で革命的建設
大砂漠を緑地に
山を吹飛ばし河を逆流さす
ソ同盟
荒れ果てる長野
湯川研究室
日本の科學を守れ
人民民主革命の勝利へ
凡ゆる困難を突破

「大砂漠を緑地に」「山を吹き飛ばし河を逆流さす」など荒唐無稽な見出しが並ぶ『アカハタ』（1949年11月7日）

アカハタ
日本共産党中央機関紙
7月2日（金曜日）
1954年 昭和29年
日刊 第1383号
ソ同盟 原子力發電所操業を開始
平和的利用を実現
人類史に新しいページ
社会主義の勝利
マレンコフ首相
国際緊張緩和のための集り 決議と勧告
ドックの上で大アクビ
水爆

ソ連原発を「社会主義の勝利」と喧伝した日本共産党（1954年7月2日）

の文字が踊っている。

宣伝効果として何より有効だったのは、アメリカは原子力を戦争のために利用しているが、社会主義国は平和のために利用していると訴えることができた点だろう。「原子力の平和利用」という概念は、原子力開発に先んじたソ連側にとって、社会主義の優位性を訴える宣伝としてはこれ以上ないものだった。

その証拠に前記『アカハタ』記事には次のように書かれている。

「ソ同盟が原子力の平和的、産業的利用に成功したのは、一貫した平和政策の結果」
「大々的な平和利用をやれるのは社会主義社会だけ」

一方で、「利潤を目的とする資本主義社会では不可能」と付け加えるのを忘れなかった。

事実、原子爆弾の開発から原子力発電の実用化まで、ソ連は五年とかからなかったが、アメリカは一〇年以上かかった計算になる。

アメリカが兵器開発にかまけて原子力発電の実用化に手間取ったことは事実だろうが、ソ連が放射性廃棄物の処理方法さえ確立しないまま、原子力発電所の稼働を始め、いまや世界で四〇〇基以上の原発が存在する事態へ結びついたことへの反省は何もないようだ。

(2) 「原子力の平和利用」を容認する

コミンテルン(国際共産党)の日本支部として誕生した日本共産党は、この時期も、ソ連の〝支配下〟にある政党にすぎなかった。社会主義陣営にバラ色の夢を託し、そうした思いは機関紙上にもあふれていた。

一九六一年、日本共産党は中央委員会総会において「原子力問題にかんする決議」を採択した。そこにはその時点における彼らの政治姿勢が示されている。

「原子力のもつ人類のあらゆる技術的可能性を十分に福祉に奉仕させることは、人民が主権を持つ新しい民主主義の社会、さらに社会主義、共産主義の社会においてのみ可能である。ソ連における原子力の平和利用はこのことを示している」(『アカハタ』一九六一年七月二五日付)

要するに、社会主義国は原子力を平和利用できるが、利潤を追求する「戦争屋」(『アカハタ』）の資本主義国にはそれはできないとする彼らの独自の理論だった。

その結果、日本共産党は自民党政府が日本国内で進めた原子力発電所の建設については、ソ連原発への手放しの賞賛とは対照的に、各地で住民運動を起こし反対する行動をとった。次章で取り上げることになるが、資本主義陣営の核実験は戦争目的、社会主義陣営の核実験は平和目的という稚拙な論理と同様の主張である。

同党最高幹部の一人で科学技術局長を務めていた人物（高原晋一）は、一九八六年のソ連のチェルノブイリ原発事故の後の論文においても次のように説明していた。


「私たちは、人類の英知の所産である原子力の平和利用の可能性を原則的に否定する立場はとらない」（『月刊学習』一九八九年四月号）

その上で、「核と人類は共存できない」と主張する当時の社会党系の脱原発運動に対しては、徹底的に批判を加えるという露骨な姿勢を見せていた。

高木仁三郎などの社会運動家は、原子爆弾も原子力発電も事故を起こせば人間に対しておよぼす悪影響は同じであり、「核と人類は共存できない」、核兵器と同様に原子力発電も全廃すべきと主張したのに対し、日本共産党は原子力の平和利用についてはあくまで問題ないとの立場を強調していた。

一九八六年、ソ連でチェルノブイリ原発事故が起き、世界中に大きな被害を与えたが、それから三年たった時点においても、同党は「原子力の平和利用を認める」との立場を堅持していた。その上で、当時の脱原発運動と一線を画す姿勢を鮮明にしていたのである。

(3) 三・一一以降に示した豹変

それから四半世紀すぎた二〇一一年三月一一日、福島第一原発事故により、日本の原発の「安全神話」は大きく崩れ去った。日本共産党の態度はその後どのように変化したのか。次のような主張からも明らかだろう。

「原発と人間社会は両立しえない」

「日本からいっさいの原発をなくすしかありません」(『しんぶん赤旗』二〇一一年七月二四日付)

つまり、「原子力の平和利用」の正当性を公然と主張し、原発廃止を訴える社会運動家をこきおろしていたはずの同党は、自分たちが批判していた運動家と〝同じ位置〟に立つことになった。実際の原発事故を受けて、「原子力の平和利用」を事実上否定する方向へと政策転換を遂げたわけである。そのことは、同党の綱領の中で「原発ゼロ」を初めて記載したのが二〇二〇年になってからであった事実からも明らかだ（二四一頁参照）。

国内の原発事故の実態をみて、多くの政党が「脱原発」の思いを抱いたことは事実だろう。それでも政党は公の立場である以上、過去の主張との整合性を常に問われる存在であることはいうまでもない。

原発稼働から生じる放射性廃棄物の処理方法の確立もないままに、世界で四〇〇基以上の稼働の事態へとつながった旧ソ連の原発開発――。その目的に、社会主義国の優位性を誇示するための政治的思惑があったことは特筆される。当時、日本共産党はその〝尻馬〟に乗る存在だった。

同党が原発問題の責任を担うべき立場にあることは歴史的に明らかである。

第11章　核兵器「絶対悪」を否定した過去

(1)　ソ連盲従で核実験に賛成

「ソ連が核実験を再開するという報道を聞いた瞬間、目の前が真っ暗になったように感じた」（『朝日新聞』一九六一年九月一日付）

そう述べたのは日本人として初めてノーベル賞（物理学）を受賞した経歴をもつ当時京大教授の湯川秀樹博士（五四歳）である。

戦後まもないころ、米ソの核兵器開発競争が激化する中、大国の核実験が三年ほど中止された小閑期があった。このままいけば世界平和が脅かされ、軍事競争に歯止めがかからなくなると懸念した両国が自発的に実験を控えた時期である。この小さな均衡状態を打ち砕いたのは、フルシチョフの率いるソ連の側だった。

一九六一年八月末、実験再開を表明したソ連は、九月だけで数回もの実験を繰り返し、一〇月には五〇メガトン級の大型核実験に踏み切った。そのためアメリカも実験の再開を余儀なくされ、悪循環の流れが再び生まれていく。

各国の核実験が原因で大気が汚染され、人体への悪影響が国民の関心事となっていた時代。福島原発事故による健康被害と同じ現象が、当時は原発事故ではなく、大国の核実験によってもたらされていた。

同じ年の八月半ば、原水爆禁止日本協議会（いわゆる原水協）の主催する第七回世界原水禁大会が東京で開かれ、以下の大会決議が採択されたばかりだった。

「いま実験が再開されるならば、それは再び危険な実験競争を生みだし、核軍拡競争に拍車をかけることは火を見るより明らかである。こんにち最初の実験を開始する政府は**平和の敵、人道の敵**として糾弾されるべきである」（『アカハタ』一九六一年八月一七日付）

もともと日本の原水爆禁止運動は、政党でいえば日本社会党や日本共産党を主力とする革新勢力が母体となり、世界各国の左翼陣営が中心となって形づくられていた。当時、彼らにとっては社会主義は平和勢力、資本主義は戦争勢力という「根拠のない神話」が信じ込まれていた。一種の宗教的ドグマといってもよい。

当然ながら、核実験を再開する国は、彼らが戦争勢力の筆頭とみなす米国であるはずだった。ところがこの決議に最初に違反する行動をとったのは、実際は彼らが平和勢力とみなしたソ連にほかならなかった。

このとき社会党と共産党の態度は真っ二つに分かれた。

共産党はもともとコミンテルン（国際共産党）の発足を契機にソ連主導で創設された政党であり、当時もソ連の「言いなり」にすぎなかった。ソ連が右といえば右、左といえば左

万国の労働者団結せよ！

アカハタ

日本共産党中央機関紙

9月1日 金曜日

第三次世界大戦の破局を防止

ソ連政府 核実験の再開を決定

平和の敵の陰謀に目を開け

米とその同盟国 空前の規模で軍拡あおる

米英は核実験停止交渉を一貫して妨害

主張 ソ連の核実験再開声明と日本人民

全面軍縮

ソ連核実験「再開」に即座に賛成表明した『アカハタ』（1961年9月1日）

に動く「隷属政党」にすぎなかった。その証拠に、『アカハタ』紙面は国民世論と裏腹に、即座にソ連の核実験再開を擁護するキャンペーンを大々的に始めた。

一方の社会党は、イデオロギー的には共産党ほどソ連に近くなかった。むしろ日本の一般大衆の心情を代弁する立ち位置にあったといえる。

日本はいうまでもなく、広島・長崎の原爆の直接惨禍を受け、被害者も多く生き残っていた時代である。まして放射能汚染について多くの国民が不安に感じている時期でもあった。

核実験がアメリカのものであれソ連のものであれ、被害を受けるのは同じ大衆であり、その影響が実験を行った国の違いによって変わるわけでもない。社会党はソ連に対し抗議行動を始めた。それに異論を唱えたのが共産党だった。共産党の言い分はこうだった。


「ソ連の行う核実験と、侵略的な帝国主義の行う核実験とを同一視して、**無差別にソ連を平和の敵と断ずることは間違っている**。（中略）ソ連は、その社会体制の中に戦争を生み出す要因を全然もたぬ社会主義国です」（『アカハタ』一九六一年九月九日付・野坂参三議長発言。ゴシックは著者）

翌月、ソ連の核実験再開について日本の国会（衆参両院）で核実験禁止決議がなされたとき、唯一反対した政党も、日本共産党だった。この事実は口では平和を唱えながら、実際は自己保身に終始する同党を象徴する姿だった。同党参院議員の須藤五郎は参院本会議で次のように主張した（『アカハタ』六一年一〇月二九日付）。

「この決議案は、平和の真の守り手であるソ連政府を中傷し、国際紛争に油をそそぎ、それによって核実験そのものの解決への道を閉ざそうとしている」

要するに当時の共産党は、明らかに核兵器「絶対悪」の立場にはなかった。アメリカの核実験は戦争目的、ソ連の核実験は平和目的など、荒唐無稽な主張を続ける存在にすぎなかった。

(2) 日本の原水禁運動に「亀裂」を入れた罪

一九五五年から始まった原水爆禁止世界大会は、六二年夏に第八回大会を迎えた。この年、日本の原水爆禁止運動は、前年に再開されたソ連核実験への見解の違いから真っ二つに分裂する。

社会党の支援団体であった総評は「いかなる核実験も認められない」との原則的立場に立つ一方、ソ連のいいなりにすぎない共産党は、社会主義国の核実験については認めるべきとの立場をとって両者は対立した。

その結果、六五年には社会党系の原水禁国民会議（いわゆる原水禁）が新たに発足し、従来の原水協（共産系）と別に大会を催すまでになった。核廃絶運動の分裂である。

当時『朝日新聞』記者だった岩垂弘は著書『核兵器廃絶へのうねり』（一九八二年）の中でこう記す。

「運動は急速に国民的基盤を失った。それとともに、運動は沈滞に向かう。（中略）それぞれの大会にみなぎっていたのは原水爆禁止への熱気と同時に、他団体への敵意だった」

当時、日本共産党の理論構築に貢献したのが宮本書記長に重用された上田耕一郎、不破哲三（本名・上田建二郎）の若き兄弟だった。不破の実兄である上田はこう書き残している。

「階級的な立場こそが、もっとも人類的な立場なのである」（『前衛』一九六二年一一月号）

★核実験をめぐる日本共産党の180度の政策転換

1961年9月	ソ連が核実験を3年ぶりに再開
国内世論	すべての核実験はやめるべき
日本社会党	すべての核実験はやめるべき
自民党	すべての核実験はやめるべき
公明党	すべての核実験はやめるべき
日本共産党	社会主義国の核実験は平和のためだから問題ない
1963年8月	原水爆禁止運動の分裂
	↓ 政策転換
1973年7月	日本共産党　社会主義国の核実験も認められない

日本共産党の根深い「ソ連信仰」が、人間としてのまともな判断能力を見失わせていた。同党の「相対的」な平和主義の言動に変化が生じるのは、さらに一〇年後のことである。

(3) 矛盾解消に動くも、自己保身に終始

一九七三年七月五日、宮本顕治委員長（当時）は記者会見し、ソ連や中国の核実験を批難するという、同党における政策の一大転換を発表した。時は、美濃部革新都政における東京都議会議員選挙投票日の三日前という差し迫ったタイミングである。

この発表に、社会党や公明党が、共産党の平和政策がまともに戻ったと評価すると、共産党は何ら間違った行動はとっていないとばかりに躍起に

なって『赤旗』紙上で反論した。

客観的には政策転換を行った事実は明らかで、そのことは中国の核実験に対する参院の反対決議で、同党が賛成に転じた事実からもはっきりしていた。政策転換の背景に何があったのか。

一つは一九六八年のソ連軍のチェコスロバキア侵攻だ。さらに六九年には社会主義陣営の両雄とみられたソ連と中国が大規模な国境紛争を引き起こした。それまで「平和の勢力」と夢想されてきた社会主義陣営で、それとは矛盾する事態が新たに生まれていた。

そのためアメリカの核兵器は戦争の兵器、ソ連の核兵器は平和の兵器といった小学生並みの理屈も、破たんをきたす結果となっていた。

委員長の宮本自身が会見で、ソ連と中国を名指しで「残念ながら社会主義国の大義に反した侵略行動がおこっている」と釈明した事実からもそのことは明らかだ。

日本共産党は六四年には対ソ関係が悪化、六六年には中国との関係も同様のものとなった。それまでは「親」であり「兄」と思っていた友党関係の変化は大きかったと思われる。

時はくだって二〇一七年七月――。国連で画期的な「核兵器禁止条約」が採択され、日本の政党では唯一、日本共産党の志位委員長だけがその場に出席し、「平和の党」をアピールする宣伝のために利用した。

だがそれからわずか半世紀にも満たない過去の時代、この党は核兵器の「絶対悪」を何ら主張せず、自分たちのイデオロギーを体現していると盲信した国（ソ連、中国など）の核実験については容認する態度をとっていた。その矛盾した行動は、今後も消えることはない。

付言するが、宮本書記長は一九六七年に発表した「自主独立の十年」と題するインタビューの中で、「自主独立路線は、（中略）わが党としてはこの十年間とってきた立場」と公言していた。つまり、ソ連からの〝親離れ〟を五七年から行ってきた旨を述べたわけだが、上記に見るように、六一年に至っても同党は《ソ連のしもべ》として動いていた。日本共産党は被爆国の中で活動する政党であるにもかかわらず、ソ連の核実験は「平和の実験」と容認していたのである。

以上の経緯は、同党が主張する「平和」の本質を、雄弁に物語る。

第12章　北朝鮮帰国事業の責任

（1）北朝鮮を厚く信奉した時代

いまから六〇年前の一九五九年暮れ、新潟港から二隻のソ連船が北朝鮮に向けて出港した。当時、「人道事業」と称された北朝鮮帰国事業の始まりである。

戦後日本に残っていた旧植民地出身者のうち帰国を希望する在日コリアンを北朝鮮に移住させる国際的な取り組みで、以後断続的に三〇年近く続けられた。最初の二年間で総計の八割が戻り、その多くは北朝鮮ではなく、韓国地域の出身者だった。

日本の植民地政策の結果、戦後、多くの朝鮮人が日本に残っていた。当時は共産主義思想が進歩的な考え方としてもてはやされ、それらの宣伝を鵜呑みにし、自身の故郷と異なる北朝鮮に渡った在日コリアンが多くいた。帰国した九万三〇〇〇人の中には、日本人配偶者など六八〇〇人の日本国籍者も含まれる。

社会主義国・北朝鮮に行けば、差別のない平等な社会でアパートが提供され、無料で医療が受けられる。子どもたちを大学に行かせることが可能になるなど、バラ色の暮らしを夢見た人が多かった。だが脱北者として実力行使で日本に戻った少数の例外を除き、ほとんどの人が二度と日本の土を踏むこともなく、望郷の念を募らせながら現地で孤独な生涯を閉じた。

当時、六〇万人の在日朝鮮人が日本にいて、その一割以上にあたる八万人が生活保護を受けていたとされる。そのため日本政府としても彼らに帰国してもらうほうが好都合だった。

帰国事業を「世紀の宿望」と形容した『アカハタ』（1959年12月12日）

一方、日本共産党にとっては北朝鮮を支配する朝鮮労働党は、同じマルクス・レーニン主義の「兄弟党」であり、当時貧しく自由のない国とされた韓国と対照的に、北朝鮮は発展著しい国と信じられていた。共産勢力にとって、在日朝鮮人が韓国でなく、北朝鮮に大量移住することは、社会主義国の優位性を示すまたとない一大事業にほかならなかった。

当時、多くのメディアがこの事業を肯定的にとらえて報道したことは事実である。その中にあって、当時の参院選挙においても政党として唯一、「朝鮮人の帰国の促進」をスローガンとして掲げるなど、日本共産党の取り組みは既成政党の中で突出していた。

(2) 社会主義を美化して騙した罪

コミンテルンの一国一党の原則に基づき、戦後まもないころは日本共産党の党員の三分の一が在日朝鮮人で占められた時代がある。その後、在日本朝鮮人総連合会（朝鮮総連）の組織に枝分かれした。その意味で朝鮮総連は「元」日本共産党員の集合体といえる。

帰国事業を推進する中心的な柱となった団体がこの朝鮮総連で、日朝協会、帰国協力会と合わせ「帰国三団体」と呼ばれた。

日朝協会、帰国協力会の事務局は、ほとんどが日本共産党員で占められた。朝鮮総連は北朝鮮を「地上の楽園」として喧伝し、日本共産党も相乗りして事業を進めた。
最初の帰国船が出航した一九五九年、『アカハタ』では、一面で四〇回以上にわたり帰国事業が熱心に報じられた。際立っていたのは社会主義の優位性を示す多くの言葉だ。以下に一部を引用してみよう。

「発展する社会主義諸国　工業すでに世界の四割を占める」（58・11・5）
「社会主義は繁栄一途　資本主義は〝落日〟のよう」（12・10）
「朝鮮人帰国促進の大運動　心は社会主義の祖国へ」（12・15）
「在日朝鮮人の帰国　受け入れ体制は万全　金日成首相」（59・1・13）
「共産主義実現は目前に　アメリカを追いこす態勢」（1・24）
「主張　岸政府は在日朝鮮人の帰国をただちに実行にうつせ」（2・10）
「宮本書記長ら代表団　金日成委員長らと会見」（2・28）
「日本共産党と朝鮮労働党　共同コミュニケに調印」（3・2）
「南朝鮮の実情　まさに〝生き地獄〟　戦争へ李承晩の独裁体制」（3・12）
「北朝鮮　千里の駒の勢い　今年中に日本を追いこす」（3・25）

「日・朝赤十字会談　帰国問題で合意成立　岸内閣の策謀くずれる」（6・12）
「帰国者を待つ母国朝鮮　立派なアパート　二十万人の受入れ態勢」（8・14）
「朝鮮民主主義人民共和国あす建国一一周年　たかい建設テンポ　今年中に日本追い越す」（9・8）
「在日朝鮮人　帰国促進大会開く」（10・19）
「帰国第一船きょう新潟出港　盛大に歓送迎大会開く」（12・14）

六〇年前と今日とで、日本共産党の態度に大きく異なる点がある。

当時は北朝鮮を同じマルクス・レーニン主義の「兄弟党」ともち上げ、社会主義国は「地上の楽園」であるかのように喧伝していたが、現在は「ソ連や北朝鮮は社会主義・共産主義とは無縁」（『小池晃対話集』）などと、正反対のことを主張している。

例えば一九五九年二月、志位和夫らの直系の師にあたる宮本顕治書記長（当時）は、北朝鮮を訪問した際に次のように語っていた（いずれも『アカハタ』から引用・ゴシックは筆者）。

「アメリカ帝国主義者は、朝鮮人民と日本人民の**共同の敵**である」（59・2・28）

「マルクス・レーニン主義は、**帝国主義者の滅亡は避けられない**ということをはっきり教えている」（2・28）

「朝鮮人民が金日成同志を先頭とする**朝鮮労働党の正しい指導の下に**英雄的な闘争をおこない、今日の**朝鮮民主主義人民共和国を建設した**」（3・16）

振り返ってみると、宮本書記長の言葉とは裏腹に、その後「滅亡」したのは日本共産党が長年もち上げたマルクス・レーニン主義の盟主・ソ連のほうだった。

彼らが「滅亡は避けられない」と明言した「帝国主義者」の代表であるアメリカは、いまも健在のままだ。

赤旗
8月18日
総合二ヵ年計画・党勢拡大
九月末までの達成に奮闘を
宣伝紙・全員で活用
拡大の速度早める
政策と計画で実践
達成の決意かためる
母親大会 21 22日に開催
連絡会実行委で正式決定
主張
第十二回日本母親大会の成功を期待して
在日朝鮮人の帰国協定を破壊しようとする政府の策謀に断固反対し、帰国協定の無条件延長を要求する
一九六六年八月十七日
日本共産党中央委員会幹部会
瀬長氏

1966年の段階になっても帰国事業を積極推進する『赤旗』（1966年8月18日）

さらに宮本自身が「正しい指導の下で建設された」と褒め称えた北朝鮮を、現在の最高幹部の一人である小池晃（書記局長）は、「北朝鮮は社会主義とは無縁」と平然と述べる。この落差は何を意味するのか。

要するに、過去に主張した内容と現実とが整合しない事態へ陥り、都合よく主張を変遷させたカメレオンのような姿にほかならない。

これらは機関紙『アカハタ』においても同様だ。

一九五九年一二月九日付の「在日朝鮮人の帰国第一船を送る」と題する社説では、「反動勢力はいま、在日朝鮮人の帰国を『奴隷の国、自由のない国への強制送還』であると、躍起になって宣伝している」などと韓国側を批判する一方、「朝鮮民主主義人民共和国ではいま**『千里の駒』の勢いで社会主義建設**が進められている」（ゴシックは著者）と絶賛していた。

それから六〇年すぎたいま、事態はこの『アカハタ』社説とは逆の方向に進んだことは明らかだ。

北朝鮮は「自由のない国」であり、千里の駒の勢いで発展しているという言葉もウソだった。日本共産党はイデオロギーをもとに虚偽の宣伝に〝加担〟し、結果的に多くの在日コリアンらを騙した。

（3）　六〇年間反省なし

この問題の本質は、北朝鮮が同じマルクス・レーニン主義の国家であったからこそ、日本共産党がその関係を利用して帰国事業に密接に関わったという事実である。

現実に、帰国する在日朝鮮人らを新潟港から北朝鮮まで運んだ二隻の船は〝ソ連船〟であったし、帰国を煽った有名な書籍『三八度線の北』（一九五九年）の著者も当時日本共産党員の寺尾五郎、同書を発刊したのは共産党の下部出版社である新日本出版社だった。このころ、日本社会党は北朝鮮との関係をいまだ構築できていない時期である。

新潟県帰国協力会の事務局長を歴任した小島晴則は、「当時の共産党員にとって、ソ連、中国、北朝鮮は絶対だった」と振り返る。

六〇年前、日本共産党は社会主義の優位性を喧伝するため、北朝鮮での生活がバラ色であるように煽り在日朝鮮人らをかの地へ送り出した。だが、北朝鮮の現実はそうではなかった。

この件でも、同党はこれまで真摯な反省の弁を述べたことがない。

第13章　沖縄共産党の真実

（1）二重党籍だった「沖縄のシンボル」瀬長亀次郎

現在の日本共産党が「野党共闘の一丁目一番地」と位置づける沖縄――。同党が衆院で唯一の小選挙区議席を誇る沖縄一区を擁する地域だ。二〇一八年の県知事選でも玉城デニー知事誕生を演出した陰には、同党の主導する「オール沖縄」の存在があった。

共産党はなぜ沖縄で強いのか。

沖縄は社会民主党の金城湯池であると同時に、反米路線を貫いてきた共産党にとっても存在意義を最大限に発揮できる土地柄である。その陰には戦後の米軍統治時代から活躍した一人の政治家の足跡を無視することができない。

瀬長亀次郎《せながかめじろう》。沖縄豊見城《とみぐすく》市生まれ、若くして東京や川崎で共産主義の洗礼を受け、戦後は最初の立法院議員選挙（現在の県会議員選挙）で当選、その後短期間ながら那覇市長を務め、本土復帰後は、日本共産党の衆院議員および同党最高幹部の一人として活躍した。

瀬長が時代を超えて沖縄大衆の心をつかんでやまないのは、その弁舌の巧みさにあったとされる。旧制七校（現鹿児島大学）弁論部時代に鍛え抜いたとつとつとした演説は多くの大衆を魅了した。

戦後、沖縄の土地が米軍によって基地建設のためにいいように接収されて無法地帯となったとき、庶民の怒りを代弁したのがこの瀬長だった。瀬長の演説に共鳴する多くの大衆が集まった。いまも瀬長を称える映画がつくられ、

万国の労働者団結せよ！
アカハタ
日本共産党中央機関紙
12月28日（金曜日）
1956年 昭和31年
日刊 第2161号
沖縄人民党勝つ
那覇市長選挙
瀬長書記長当選
即時祖国復帰を主張
米軍の占領支配へ打撃
共産党常任幹部会
共産主義者の自由と規律
石橋内閣の主要閣僚

「結びつきはない」としながら瀬長の那覇市長当選を１面トップで伝える共産党（1956年12月28日）

上映される。

戦後まもない一九四七年七月、瀬長らは「沖縄人民党」を結成。ほどなく自ら書記長に就任した。その後、本土復帰後の七三年、沖縄人民党はそのまま日本共産党に〝全面合流〟した。そうして「日本共産党沖縄県委員会」として再スタートする。その中心も瀬長だった。

瀬長は、復帰前の沖縄で米軍から共産主義者とのレッテルを貼られてしばしば攻撃された。米軍に突きつけられたその事実を、瀬長は公には否定し続けてきた。

だが実際は、二四歳で日本共産党に入党した筋金入りの党員だった。

沖縄人民党結成後は、人民党の党員であると同時に、沖縄の非合法共産党の中心者として、長らく二重党員の立場にあった。それでいてその事実をひた隠しにしながら政治活動に取り組んだ。日本共産党はそうした経緯をいまもオープンにしていない。

（２）「五〇年問題」と無縁で済んだ特殊事情

二〇一七年、地元でも話題になった映画『米軍が最も恐れた男　その名は、カメジロー』、二作目の『カメジロー不屈の生涯』でも、これらの「不都合な真実」は一切紹介されていない。地元の瀬長亀次郎記念館「不屈館」においても、そこで描かれるのは米軍の圧政に抵抗を続けた信念の政治家としての姿だけだ。いかなる反共攻撃にも屈しなかった「不屈」の人物として美化されている。

確かにそれらは事実の断面ではあろう。だがそうした断面だけで、都合の悪い事実がネグレクトされているとしたら、客観的な真実とはいえなくなる。

実際は、沖縄人民党は、瀬長らが共産党の別動隊として動くためのいわば「隠れ蓑」としてつくられた政党であり、人民党と日本共産党の間では、当時から密接な意思疎通がなされていた。

「瀬長さんが（筆者注＝非合法共産党の）委員長で、人民党のメンバーはほとんど沖縄の委員会に入っていました」（後出『資料集』の国場幸太郎《こくばこうたろう》インタビュー・一九九九年）

米軍が戦後の沖縄を占領した二七年間、当地では共産主義はご法度であり、厳しい監視の対象となった。戦後、本土で共産党が合法化されたのと対照的に、沖縄では一転、「非合法」の烙印を押され続けた。

一九五六年、瀬長が那覇市長選に立候補し、保守票が二つに割れ、漁夫の利を得る形で当選した際は、むしろ本人は困惑したものと思われる。米軍という共産主義と敵対する勢力の統治する場所で、徒手空拳で戦うイバラの道に分け入ることを意味したからだ。

瀬長に関する「不都合な真実」が公式に明るみになるのは二〇〇四年――。全三巻にわたる『戦後初期沖縄解放運動資料集』（不二出版）が出版されてからだ。

その編集の中心となったのが、瀬長の下で沖縄人民党の書記局責任者として采配を振るった国場幸太郎だった。

瀬長より二回り年下の国場は、人民党時代、瀬長の忠実な部下だった。その関係は同じほどに年齢の離れた戦後同党の初代党首の徳田球一と伊藤律の関係にも似ている。

付言すれば、沖縄には国場組というだれもが知っている地場の建設会社があり、国場幸太郎はその創業者と同姓同名ながら、別人物である（遠い親戚関係）。

先の『資料集』によると、非合法の地下組織「日本共産党沖縄県委員会」は一九五三年にすでに結成されていた。その委員長となったのが、瀬長人民党書記長だった。

前年の一九五二年といえば、本土では党をあげての火炎瓶闘争が繰り広げられていた。沖縄でも同じ運動を展開するように代々木から指令を受けたというが、瀬長は「そんなことを（筆者注＝米軍監視下の）沖縄で実行できるわけがない」と黙殺した。そうした経緯も先の『資料集』には明記されている。

その結果、沖縄では本土の共産党のような「五〇年問題」は起きなかった。

米軍占領下という特殊状況が、逆に沖縄共産党を守る形となった。実際にそんな挙に出ていたら、米軍の武力で公然と叩き潰されていたにちがいない。

（3） ここでも真実の歴史を隠蔽する日本共産党

一九五六年のクリスマスの日に投票が行われた那覇市長選挙で、瀬長は予想外の当選をはたした。実際に就任したのは翌月の五七年一月。その後、米軍は瀬長を降ろすためにありとあらゆる妨害手段を講じていく。

那覇市の水の配給を止める、銀行の融資をストップさせるなどの兵糧攻めが有名だ。そうした状況に、瀬長に共感する那覇市民らは自発的に税金を納めるために登庁するなど、市長を盛り立てた。

市議会では保守系を中心に、何度も不信任案提出の動きが起こり、結果として六月に可決された。瀬長はここで市議会を解散、選挙に打って出る。

フタを開けてみると、人民党が三分の一以上を獲得、もはやリコールもかなわない議席配分となると、米軍はついに一片の布告をもって瀬長市長の首を斬り、同人の被選挙権をはく奪する強硬手段に打って出た（一九五七年一〇月）。

その間、行政は停滞したままだった。

当時、那覇市において最大の焦点となっていた都市計画事業も暗礁に乗り上げたままだった。実態は共産主義の首長であったがゆえに、行政がストップした典型的な姿だった。

先に紹介した映画などでは「不屈の男」として瀬長の市長時代が描かれているが、それは必ずしも全体像を示したものとはいえない。

例えば、那覇市長時代、市議会において共産党員であるかどうかを聞かれた瀬長は、以下のように一貫して否定する答弁を行っていた。

「私がまた人民党は共産党でないということはすでに発表しております」
「日本共産党とも結びつきもない」
「どんなに共産党だ、共産党だと言ってもそうじゃないのだからこれは仕方ない」
（一九五七年二月二日・七日の那覇市議会における答弁）

だがこれらの言葉がその場しのぎの虚偽答弁であったことは、いまでははっきりしている。

公の場で平然と事実と異なる答弁を垂れ流し、現在に至るも修正しようとしない日本共産党。その姿は、都合の悪い歴史を闇に葬ろうとするもので、他党批判の資格を欠くと批判されても仕方がない。

直接の責任は、沖縄人民党を合流させた際の党委員長・宮本顕治、書記局長・不破哲三の二人にあるはずだが、「野党共闘の一丁目一番地」を主導する現在の志位委員長も同様だ。

第3部　日本共産党〝政権入り〟の可能性

第14章　「スパイ」を最高指導者に君臨させた政党

（1）最高幹部の七割が「除名」された過去

戦前・戦中は非合法に置かれていた日本共産党は戦後、獄中の主要幹部が次々に釈放された。〝獄中一八年〟の徳田球一、志賀義雄は一九四五年一〇月一〇日に府中の刑務所から解放され、同党の戦後の活動が実質的にスタートした。翌年一月、中国・延安で活動していた〝亡命一六年〟の野坂参三も帰国する。それから間もない時期に代々木の党本部で三人で撮った有名な写真がある。

徳田は戦後初代の党首（書記長）として華々しく活躍し、徳球（トッキュウ）の愛称で大衆から慕われた。志賀も最高幹部の一人として活躍し、野坂は長い外国生活（ソ連、中国など）で培った国際人脈を駆使して合法期草創の日本共産党を前進させることを期待された。

野坂の帰国直後に撮った写真（1946年1月17日）。左から徳田球一、野坂参三、志賀義雄

徳田は当初、自分の片腕として袴田里見に期待を寄せた時期もあったというが、結局、伊藤律を重用し、重要な仕事を任せた。現在の書記局長のような立場だったと思われる。

一九五〇年から始まった朝鮮戦争を受け、日本共産党はソ連・中国の「後方支援」の役割を期待された。その行動は五一年から五二年までの全党あげての警官襲撃や火炎瓶闘争に反映され、徳田ら表の執行部は地下に潜伏。中国へ亡命し、現地から指揮をとる形をとった。徳田は五三年一〇月、現地で病死する。

志半ばで斃れた徳田を除き、以上

に名前の出てきた最高幹部は皆一人の例外もなく、その後「除名」の憂き目に見舞われた。除名は、日本共産党員としての死刑宣告に等しいものだ。時代順に列記してみよう。

▼伊藤　律　一九五三年（四〇歳）
▼志賀義雄　一九六四年（六三歳）
▼袴田里見　一九七七年（七三歳）
▼野坂参三　一九九二年（一〇〇歳）

武装闘争で分裂した党を一九五五年、第六回全国協議会で統合すると、その後主導権を得たのは野坂参三と宮本顕治の二人だった。野坂が党の「表の顔」である第一書記（書記長）や議長を歴任、宮本は書記長、さらに委員長として野坂を支える形で実権を握る形となった。

六全協に際して発表された党中央委員は一五人で、そのうち七人で常任幹部会を構成した。野坂参三、志賀義雄、宮本顕治、袴田里見、志田重男、紺野与次郎、西沢隆二の七人だったが、上記の除名に話を戻すと、うち宮本と紺野以外の五人は、後になってすべて除名されている。いわば最高幹部の除名率は七割を超える計算となる。

(2) 野坂の真実を解明したノンフィクション

例えば、武装闘争時代の軍事部門の責任者であった志田重男は一九五七年に除名になった。また徳田の側近であった伊藤律は、徳田体制のもとで行った武装闘争路線の責任を取らされる形で除名された。名目は警察のスパイという罪状だったが、結論は〝濡れ衣〟にすぎなかった。

さらに志賀義雄と袴田里見は党の規律違反行為で処分された。袴田は戦前、宮本と同じく党中央委員の一人であり、宮本とは二人三脚で戦後の同党を建設してきた間柄だった。その宮本は戦前のリンチ殺害事件で党員ひとりを査問時に死に至らしめた事件の真相発覚をおそれ、その場にいて真実を胸の内に秘めていた袴田を追い落としにかかったというのが真相とされる。

袴田は自著『昨日の同志　宮本顕治へ』を一九七八年に発刊。宮本の共産党指導者としての実態を明かすとともに、野坂参三がスパイであると主張した。このとき、宮本は野坂を潔癖としてかばい続けた経緯がある。

その後、一九九一年にソ連が崩壊。ソ連内部の行政文書が情報公開されるようになると、日本共産党関係者にとって都合の悪い過去の文書が表に出てくる事態となった。それらの証拠文書によって、野坂参三は亡くなる直前、なんと一〇〇歳の年齢で除名されている。

野坂は一九二二年七月、党創立と同時に入党。戦前はコミンテルン日本代表を務め、戦後同党の中心メンバーとして要職を歴任した第一人者だった。戦後初の総選挙で代議士となり、三回連続当選。同党の国会議員団長となったほか、五五年には党の代表である党第一書記に就任。五六年からは参院議員として連続四期をへて、五八年党議長に就任。八二年に議長職を宮本顕治に譲って名誉議長となった。その意味で、戦後の日本共産党の「表看板」を体現した人物だった。

戦後、日本共産党の最高指導者を長年続けた同党の象徴であったはずの野坂が、陰でどのような行動をとっていたのか。恐るべき実態を暴いたのは、週刊文春取材班だった。一九九二年に連載され、真相を明らかにした書籍は『闇の男　野坂参三の百年』として九三年に発刊され、ノンフィクション界の最高栄誉である第二五回大宅壮一ノンフィクション賞を受賞した。

同書では、野坂がソ連のスパイとして、モスクワで活動中の日本人同志を虚偽事実で陥れてスターリンが粛清するように仕向けた過去の事実や、野坂がソ連だけでなく日本の官憲やGHQなど多くの機関に協力した「多重スパイ」であった事実などを浮き彫りにした。それらの動機はすべて野坂の自己保身としか思えないものだった。

伊藤律を陥れたのも野坂らで、背景として自身の多重スパイの立場が発覚するのを恐れた犯行であったことが浮き彫りになる。

ちなみに、一九五五年九月一五日付の『アカハタ』紙上で、野坂は第一書記の談話として次のように総括していた。

「党が彼（筆者注＝伊藤律のこと）を除名したのは、彼

赤旗
日本共産党中央機関紙
1992年 12月28日 月曜日
日刊第15188号

野坂参三の除名処分を確認
日本共産党 第八回中央委員会総会開く

「残念ながら事実なので処分認めざるをえない」本人のべる

本紙記者 飢餓と内戦の国
ソマリアに入る

“死の町”バルデラは…
6千人の市内に 1万人の難民流入

野坂参三の除名処分を発表する『赤旗』（1992年12月28日）

が警察と通謀するスパイであったからである。（中略）彼の過去に対して厳密な審査も行わず、彼のギマンを見破ることができずに、彼を入党させ、やがて中央委員、政治局員にまで入りこませて、破壊活動をさせてしまった。これは、党中央に正しい幹部政策が欠けていたためであり、警戒心が欠けたことからおこった」

だが実際は、これを語った野坂自身が、本当のスパイであった。その立場を秘匿するために、野坂は罪のない伊藤律をスケープ・ゴート（犠牲）にしたのだった。そうした利害関係は、六全協で主導権を握った宮本顕治も同様だった。

（3）伊藤律をスパイに仕立てた宮本顕治

宮本は一九五五年八月に日本青年館で行われた党内集会で、伊藤律について、次のように具体的に語った。やや長くなるが、そのまま引用する（『アカハタ』一九五五年八月二〇日付・ゴシックは筆者）。

「第六回全国協議会はスパイ伊藤律の除名を確認しました。このスパイ伊藤律の問題はすでに以前アカハタにおいて発表されましたが、かれは戦前から長期にわたるスパイ活動をしていました。そして**百名をこえる共産主義者を戦前から支配階級に売りわたし、革命運動の戦列を破壊**してきていることが、あきらかになっています」

さらにこう続ける。

「ことにコミンフォルムの批判があった場合には、このときこそ**党指導部を分裂させなくてはならない、こういうはっきりした陰謀をもとに活躍して、そして党中央をとうと**う**割ってしまう条件を系統的につくりあげていった**のです。もちろん党を割るという活動を許したのは、当時の党中央全体の責任でありますが、しかしこの問題はとにかく党の集団指導のない場合には、その裂け目に不純分子、スパイ、挑戦者を送りこんで、そして分裂をはかってゆくものだという深刻な教訓を示しています。一九五〇年の党の不統一と混乱を考える場合にも、全体としてこうした**敵の手先の挑発**にたいしてお互いがまだ未熟であったことを、真剣に党中央は一人のこらず反省したのであります」

読めばわかるとおり、党が分裂したのはすべて伊藤律ひとりのせいだといっているに等しい。

そのころ、伊藤本人は中国の監獄で長い牢獄生活に入っていた。野坂の密告によるものだ。

野坂は伊藤は獄中でそのまま死ぬものと考えていたに違いない。またそうした動向を、宮本顕治は野坂から聞かされた可能性が高い。その点で、野坂と宮本の利害は完全に一致し、伊藤に責任を覆いかぶせたようなものだった。だがその後、伊藤は病身の身で一九八〇年に帰国する。片目は失明し、健康体ではなかったが、思考は正常だった。何より慌てたのは、野坂と宮本だったに違いない。

話がそれたが、利害を共有してきた宮本は、袴田里見が除名されて同人が野坂スパイ説を吹聴するようになったとき、「袴田の発言はウソばかり」(『アカハタ』一九七八年一月一四日付) などと、野坂を長年にわたり擁護し続けた。

一九九二年、袴田が主張してきた〝野坂スパイ説〟が真実であったことが裏付けとともに判明した。だが責任をとるべき宮本は、何ら反省することはなかった。

都合の悪いものにはフタをし、自分さえよければいいという体質は、日本共産党にも根強くある。『実録 野坂参三』（一九九七年）はこう指摘する。

「いくら野坂参三は裏切者、二重人格者と弾劾しても、そのような人物が党の最高中枢に位置していた党とは一体何か、という疑問に対する答えにはならない」

党内権力を得るために同志を売るというさもしい行動を働いたのは、野坂と宮本に共通する行動だった。

第15章　日本国憲法「制定」に唯一反対する

（1）三回の採決すべてに反対

最近の共産党しか知らない若い有権者にとって、日本共産党は「九条を護れ」など護憲の印象が強いと思われる。だが戦後まもない一九四六年、日本国憲法が国会審議されて成立する際、その制定に徹頭徹尾反対した唯一の政党がこの党であったという事実はあまり知られていない。

GHQによる「押しつけ憲法」などと揶揄される日本国憲法だが、GHQ案をたたき台にして日本政府が作成した憲法草案をもとに、国会審議は一九四六年六月下旬から一〇月上旬まで、三カ月以上にわたり両院で集中的に行われた。

当時明治憲法下における全面的憲法改正という形で行われたため、両院といっても審議したのは、旧憲法下の衆議院と貴族院である。

戦後最初の総選挙（一九四六年四月）において日本共産党は初めて「合法政党」として選挙に臨み、五人の当選者を生んだ（定数四六四人中）。その中には戦後の初代書記長（党首）である徳田球一をはじめ、野坂参三、志賀義雄といった戦後草創期の最高幹部が含まれる。

日本国憲法に関する国会審議は、国立国会図書館で議事録をコピーすると、B四判でゆうに七〇〇枚におよぶ膨大なものだ。うち、共産党議員は衆院の審議のみにかかわった。

審議経過としては、第九〇回帝国議会において一九四六年六月二〇日、衆院に憲法改正案が提出され、数日間の本会議をへて委員会で集中審議を行い、八月二一日に委員会採決をしたあと、同月二四日に本会議で採決された。衆院で修正された法案は貴族院に送付され、同院の委員会審議などをへてさらに修正が加えられ、十月七日に衆院で再議決して最終的に成立した。

その後一一月三日に公布され、翌一九四七年五月三日に晴れて施行の運びとなる。そのため五月三日は憲法記念日として、いまも関連の行事が開催される記念日となっている。

つまり当時衆院のみに議席を有した日本共産党にとって、憲法草案に対する意思表示は、①委員会採決②本会議採決③貴族院修正案をめぐる本会議採決の三回行われたことになる。

当時衆院に存在した政党は、自由党、進歩党、社会党、共産党などで、自由党の吉田茂を首班とする第一次吉田内閣の時代だった。振り返ると、これらの政党の中で憲法制定に反対した政党は、日本共産党だけだった。

同党は衆院委員会（帝国憲法改正案委員会）の採決で七二人の委員のうち唯一の委員であった野坂参三が最後に反対討論を行い、ただ一人反対の手を挙げた。

続く本会議採決においても、四二九人の出席議員のうち反対八人中、無所属二人を除く六人全員が共産党議員だった。反対した六人の名を以下に列記しておこう。

◎柄沢とし子（北海道一区）
◎野坂　参三（東京一区）
◎徳田　球一（東京二区）
◎中西伊之助（神奈川）※繰上げ当選者
◎高　倉　輝（長野）
◎志賀　義雄（大阪一区）

日本国憲法が国会で最終成立する一九四六年一〇月七日の本会議採決においても、三四七人の出席議員中五人が反対した。無所属の一人を除き、共産党四人が反対票を投じている。

当時の新聞報道によれば、柄沢、野坂、中西、高倉の四人だった。徳田と志賀はどうしたのかといえば、棄権の意味で「欠席」したと思われる。

要するに同党は、日本国憲法の国会審議においてその成立に反対を貫いた唯一の政党だった（自民党系、社会党はすべて賛成）。しかもその回数は三回の採決すべてにおよぶ徹底したものだった。

同党の〝何でも反対〟の原点が、この憲法制定国会にあることは明らかだ。

(2) 当初は象徴天皇と憲法九条を否認

当時の共産党が現行憲法を認めなかった最大の理由は天皇制の存続を認めることができなかった点にある。当時の最高幹部はいずれも戦前から戦中にかけ、刑務所で臭い飯を食わされた。その刑執行は天皇の名のもとに行われたとの強い怨念があった。そうした心情は、野坂参三の国会質問の中にも垣間見ることができる。

さらにいまでは「平和主義」の象徴となっている憲法九条の制定に執拗に反対したのも

共産党だった。

野坂は国会質問で、新憲法は自衛権を認めていないと攻撃し、侵略戦争と自衛戦争を分けて、前者のみを禁止し、後者は認めるべきとの立場にたった。現在の同党の主張とはかけ離れた論理だ。

さらに同党は自分たちの人民憲法草案に基づき、二院制にも反対し、一院制にすることを主張した。

衆院で憲法審議が始まった一九四六年六月、共産党は独自の憲法案（日本人民共和国憲法草案）を発表した。この中には天皇に関する条文は存在しない。天皇制廃止を前文で謳う内容の改正案にほかならなかったからだ。

この独自の憲法案を中心になって策定したのが、不破前議長、志位委員長の直系の師にあたる宮本顕治元議長（当時中央委員）だった。

当時の宮本は党機関誌『前衛』の主幹であり、機関紙部門の責任者として大きな権限を有していた。

その宮本は一九四六年発行の『前衛』（三月一五日号）において、「新民主主義憲法のために」と題する論考を寄せ、結論部分で「わが党の目指すものは、天皇制との妥協の方向ではない」とあくまで廃止を求める考えを鮮明にしていた。

要するに同党は、当初は日本国憲法の第一条、第九条を含めて評価していなかった。

（3）すべて賛成に転じた豹変ぶり

いま同じ政党が憲法九条を完全擁護し、二〇〇四年にいたっては、天皇制を容認する方向にカジを切ったことは特筆される。政策における重要部分が正反対に振れたという意味では、同党の歴史においても画期的な出来事と思われる。

その変化の経緯は、五月三日前後の

アカハタ
AKAHATA
日本共産黨中央機關紙

憲法委員會
議會には修正權がない
まづ第七十三條が問題

ギマンの行き過ぎ

天皇制の批判は自由

わからない主權の所在
三十四人が質問

地方制度改正案
實權

日本共產黨憲法草案（上）
六月二十八日決定

前文

第一章 日本人民共和國

第二章 人民の基本的權利と義務

独自の憲法草案を掲載した『アカハタ』（1946年7月15日）

『アカハタ』紙面をたどることで解明できる。

憲法制定後の五月三日付の同党機関紙を年代順に追って調べてみると、一九四七年から五五年までは新憲法を擁護する記事は皆無で、憲法という文字すら見あたらない。あるのはメーデーの記事ばかりだ。

変化が生じるのは一九五六（昭和三一）年から。

同年の五月三日付で「憲法擁護運動を大衆の中へ」と題する社説を突然掲載。翌五七年の同日付でも「憲法記念日にあたって」と題する社説と、「きょう憲法施行一〇周年　平和、民主主義への誓い」の記事を一面に掲載し、方針を〝転換〟した。

一九五六年といえば、その前年の七月に所感派と国際派の二派に分かれて抗争を行っていた同党が六全協で統一され、野坂と宮本が実権を握り始めた出発点にあたる。

その一九五六年以降に、過去に憲法制定国会で自ら反対討論を繰り返した野坂本人と、天皇条項の存在しない独自憲法草案を作成した宮本らの影響下のもと、現行憲法そのものを評価し、それをもち上げる路線へと《転換》がなされたことになる。

こうした護憲の姿勢が顕著になってくるのは、機関誌『前衛』（一九六二年六月号）で「憲法問題にたいする日本共産党の態度」と題する論文が掲載された六二年以降、さらに『憲法問題と日本共産党』という党内向け書籍が発刊される六四年以降のことである。

時代はくだって、不破議長（当時）が主導した二〇〇四年の党綱領改正において、同党はあれほど毛嫌いしていた天皇制を容認するに至った。平たくいえば、戦後すぐは天皇制に絶対反対の姿勢だったにもかかわらず、国内世論と食い違う実態を見据え、環境に合わせて自らの目標を後追い的に修正した姿だった。

これらの過程が何を意味するか。

「科学的社会主義」などの自己満足的なスローガンと裏腹に、実際は確たる設計図や見取り図すらもたないままに建築を手掛ける施工業者のような姿に見える。

第16章　テロと内ゲバの「母胎」となった前歴

（1）日本共産党から派生した左翼過激派

「日本の新左翼は日本共産党を母胎として生まれ、各党派幹部は日共党員であった人がかなりいる」

これは一九九九年に発刊された書籍『新左翼運動四〇年の光と影』に出てくる記述の一部だ。「新左翼」といえば、六〇年安保闘争を主導した「ブント」をはじめ、そこから派生した「連合赤軍」や「日本赤軍」、さらに熾烈な内ゲバ闘争で有名になった「革マル派」や「中核派」が思い浮かぶ。

系列図をつくると一目瞭然となるが、歴史的にその〝源流〟に位置するのは日本共産党である。

新左翼は日本共産党の活動に飽き足らず、同党を批判する形で生まれた「分派」の系譜

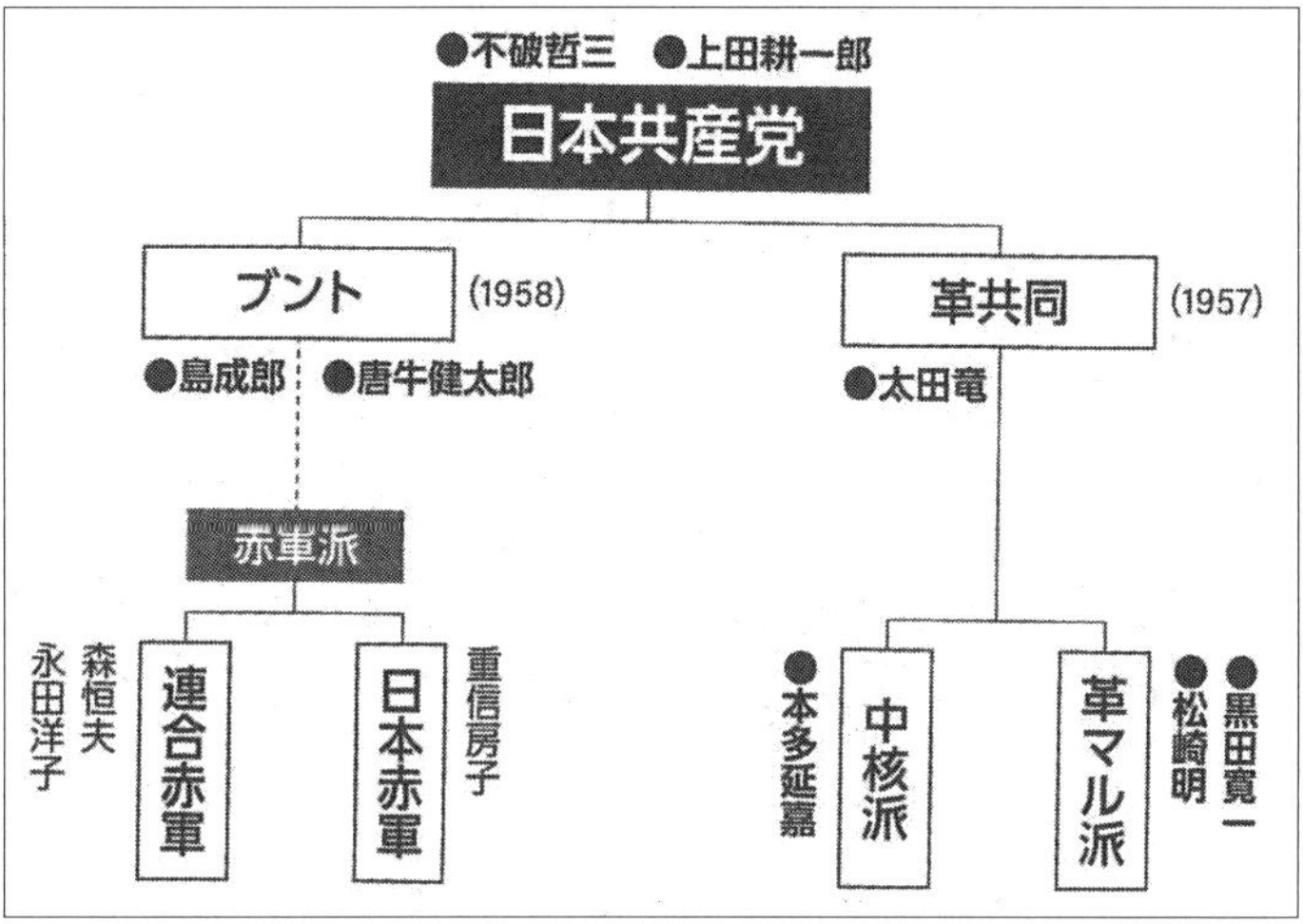

日本共産党と新左翼主要各派の大まかな流れ（●は共産党歴をもつ人物）

であり、だからこそ同党とは〝犬猿の間柄〟でもある。

日本共産党の「五〇年問題」は所感派と国際派に二分された党分裂と、火炎瓶投てきや暗殺テロなどの武力闘争を伴う党史の一大汚点だが、その「五〇年問題」の延長線上に新左翼は位置づけられる。

結論として、共産党が新左翼出現の「母胎」となった事実が公然と語られることはあまりない。同党にとってそれは「不都合な真実」であり、世間には思い起こしてほしくない事柄にちがいない。

ちなみに、関連人物を生まれた年順に位置づけた上記の一覧表をご覧いただきたい。

①　上田耕一郎　一九二七年
②　黒田寛一　右　同
③　竹中労　一九二八年
④　不破哲三　一九三〇年
⑤　太田竜　右　同
⑥　島成郎　一九三一年
⑦　本多延嘉　一九三四年
⑧　松崎明　一九三六年
⑨　唐牛健太郎　一九三七年
⑩　森恒夫　一九四四年
⑪　永田洋子　一九四五年
⑫　重信房子　右　同

いずれも新左翼各派の幹部クラスなどを含む人物の一覧だが、注目すべきは①から⑨までの世代は例外なく、若き日に日本共産党に入党しその「洗礼」を受けた経歴をもつことだ。つまり冒頭の指摘は真実そのものといえる。

さらに⑩～⑫のようにやや世代がくだると、共産党経験をへずにそのまま新左翼入りする世代となる。森恒夫や永田洋子の「連合赤軍」、重信房子の「日本赤軍」とも、組織的には⑥の島成郎《しましげお》が創設した「ブント」（共産主義者同盟）から派生した団体だが、元をたどれば日本共産党に行き着くことは系図からも明らかだ。

(2) テロを世界に輸出した負の実績

日本共産党が武装闘争を始めた一九五〇年代、多くの学生党員は党の方針をつゆも疑わず、地方の「山村工作隊」などに駆り出され、中国の毛沢東革命の真似事を行った。ところが五五年夏、第六回全国協議会（六全協）で党が路線を転換。火炎瓶闘争やメーデー事件などの騒擾事件で逮捕されて人生を狂わされ、梯子《はしご》を外される形となった若い党員らには大きな不満が残った。

これらの世代が党への懐疑心から新たな前衛党をめざしたのが「ブント」と「革共同」（革命的共産主義者同盟）という二つの流れである。

「ブント」は島成郎を中心とするゆるやかな組織体で、唐牛《かろうじ》健太郎を全学連委員長に担ぎ、六〇年安保闘争の主役となった。国会突入の六月一五日、東大の女子学生であった樺美智《かんば》子が死亡。組織は崩壊し、諸派に分かれる。

一方の「革共同」も分裂を繰り返し、黒田寛一を最高指導者とする「革マル派」と本多延嘉を書記長とする「中核派」で派閥抗争を繰り返し、本多が一九七五年の夜半、「革マル派」活動家らによって鉄パイプなどで滅多打ちにされて殺害されると、両派の血で血を洗う暴力団なみの抗争はエスカレート。両派で六〇人を超える構成員が命を落とす事態へとつながった。

この事件はおよそ四半世紀前の一九五一年、東京・練馬区で日本共産党員らが地元駐在の巡査を鉄パイプなどで滅多打ちにして殺害した「練馬事件」を彷彿させる手口だ。

さらにブント系列から派生した森恒夫や永田洋子を中心とする「連合赤軍」は一九七二年二月、軽井沢に人質と共に立てこもる「あさま山荘」事件を惹起し、多数の警察官を死傷させるなど世間を震撼させた。なかでも「内ゲバ」とみなされる仲間内のリンチ殺害で一四人が粛清された事実は、その後の新左翼運動の停滞へ直結した。翌年元旦、森は拘置所内で首吊り自殺を図り、果てている。

同じく「日本赤軍」もテルアビブ空港乱射事件（一九七二年）やハーグ事件（一九七四年）、

ダッカ日航機ハイジャック事件（一九七七年）など世界各地でテロ事件を起こした。最高幹部であった重信房子は二〇〇〇年、潜伏先の大阪府下で逮捕された。

前述のとおり、日本共産党は一九五二年、国内で多くのテロ事件に手を染め、当時の『朝日新聞』から「集団テロ」と書かれた（本書九頁参照）。その手法は国内に多くの類似団体を生み出し、その行動範囲は世界に広がった。

「日本赤軍」はパレスチナ側に立ち、アラブでは英雄扱いされたというが、客観的にみれば「国際テロリスト」にすぎなかった。

歴史的にこれらの源をたどれば、いずれも日本共産党に行き着く事実は何度強調しても強調しすぎることはない。

（3）　党存続のための虚偽プロパガンダ

歴史的に日本共産党の存在がどれだけ社会に負の影響を与えてきたか。そうした「不都合な真実」が見えないように国民の目を欺くために同党がとってきた手法が、「攻撃こそ最大の防御」を地で行くやり方といえよう。

そのことを示す典型的な主張が過去の『赤旗』記事に見受けられる。「『連合赤軍』事件とは？」と題する一問一答形式のコラムで、こう書いている（二〇〇八年一一月二〇日付）。

「『連合赤軍』と、日本共産党は、まったくの無関係」

「彼らは日本共産党の打倒を最大の目標にかかげていた反共・反民主主義の暴力集団」

「こうした『連合赤軍』の蛮行を最も厳しく批判し、たたかってきたのが日本共産党です」

同党と新左翼各派とが、近親憎悪ともいえる心情から互いに激しく罵り合ってきたのは事実だが、「まったくの無関係」とするのは、歴史的にみれば真実とは言い難い。実態は血を分けた親戚同士のようなものにしか見えない。『赤旗』記事は最後にこう結論づける。

「そもそも日本共産党が指針とする、共産主義＝科学的社会主義は、『国民が主人公』の社会をめざし、国民の利益を守ることを何よりも大切にする考え方であり、テロや虐殺とは無縁です」

〝テロと無縁〟とは恐れ入る。黒を白と言いくるめるこれらの言葉は、事実と正反対の虚偽プロパガンダの典型だ。

第1部で見てきたように、過去に無差別の火炎瓶作戦、党組織をあげたテロ殺人事件を既遂してきたのが、同党の偽らざる歴史である。

「連合赤軍」への同党の批判に見られるように、都合の悪い相手を徹底的に批判することで、逆に自らが正義であるかのように浮かび上がらせる宣伝手法は、かつてソ連や中国と〝一心同体〟の関係にあったはずの同党が、ソ連・中国の不都合な真実が明らかになって自らと切り離す必要が生じたときに、「彼らを一番批判してきたのは日本共産党」といって切り抜けるやり方と同じものである。

ちなみに一五五頁の一覧表に戻ると、上田耕一郎と不破哲三（上田建次郎）の兄弟は、新左翼各派幹部と同世代に位置する。

日本共産党が武装闘争を行っていた時期、彼らの出身大学である東大の学生組織は宮本顕治率いる非主流派の「国際派」に位置し、不遇の時期を過ごしたとされる。後年、宮本が党内で実権を握ると東大出身者を重用し、不破・志位らを引き上げていった背景には、こうした負の歴史に基づく党派的な信頼関係も影響したものと思われる。

その宮本自身、戦前には小畑達夫という同志をスパイ容疑で査問にかけ、複数でのリンチ殺害に直接的に加担した過去をもつ。連合赤軍事件をはじめとする日本の左翼運動における「内ゲバ」の嚆矢が、日本共産党に見られることは歴史の重要な一面である。

第17章　「被災地」での共産党の活動　【体験者は語る】

――松崎いたる・元板橋区議会議員

日本共産党の本部職員を務めた経験をもつ元板橋区議の松崎いたるさんは「新人類」と形容された戦後世代に当たる。二〇歳で入党、三〇年あまり同党で活動した同氏は、意見の違いによる排除をうけ、人間を大切にしない同党の体質を実感してきた。現在の党政策委員長に抜擢された田村智子参院議員は民青時代以来の同年代の活動家にあたる。

（収録・二〇二〇年二月）

(1)　複数の帳簿が当たり前の共産党後援会

――『正論』（二〇二〇年二月号）の記事で、日本共産党が被災地支援の名目のもとに選挙前におコメを配って買収まがいの行為をしたり、同党の後援会で行うバス旅行などの収支報告がまったくなされていないなどの実態を明かされました。

松崎　板橋区議時代に被災地に行ったとき、党の募金でコメを買って現地で配る現場を見たときに、さすがにこれは（選挙）違反だと思いました。だけど当時はそれをいうわけにはいきませんでした。昨年（二〇一九年）暮れに共産党による安倍首相の「桜を見る会」への追及が始まり、安倍首相による買収行為だとか、政治資金収支報告書への記載がないことなどが問題にされました。それを見たときに、日本共産党も同じことをしてきたのに、首相を追い落とすために都合のいい批判を繰り返すのはお門違いだろうという気持ちになりました。

松崎いたるさん

例えば収支報告書の件でいえば、共産党はほとんどといっていいくらい重要な後援会行事について収支報告書に記載していない実態があります。共産党の後援会は毎年のようにバス旅行や一泊旅行、バザー、親睦会などさまざまな行事をおこなっています。そこでは結構なお金が動いているはずですが、政治資金収支報告書にはほとんど出てきません。

――そもそも日本共産党に「桜を見る会」を批判する資格があるのか疑われるとの指摘

ですね。

松崎　日本共産党本体の政治団体としての収支報告書は、中央委員会、都道府県委員会、地区委員会と、だれがいくら献金したとかかなり詳細なものがずらりと書いてあります。ただし共産党の○○後援会となると、ほとんどの後援会は収支ゼロで報告し、何もやっていないことになっています。でも実際はそういうことはないわけで、さまざまな活動を行っているわけです。

私がツイッターでそのことを指摘すると、足立地区委員会（東京都）の共産党後援会はきちんと収支報告書に載せているとの反論が戻って来たので調べてみると、足立の場合はバス二〇台くらいを連ねる大がかりなものでした。確かにこれほどの規模でやっていれば、何も書かないのは不自然ということになるでしょう。でも調べてみると、旅行会社に払った金額が会費として集めた金額より多くなっていたので、常識的に考えれば**共産党が差額を補てんした計算**になります。この理屈は、安倍首相が前夜祭の足りない分を自分で補てんしているだろうと共産党議員が追及してきた理屈とまったく同じなわけです。

――後援会のバス旅行というのは共産党ではどこでもやっているんですか。

松崎　たぶん多くでやっています。選挙区ごとにやるのが通例でしたから、むしろ中選挙区時代のほうがもっと大がかりでした。例えば、共産党で船一隻をまるまる借り切って、よく式根島に行ったりしました。ほかに臨時列車を一両借り切るとか。ところが小選挙区制になると、地区委員会ごとの後援会で行うようになり、そこからはほぼバス旅行です。私がいた板橋区の共産党後援会の場合は、バスでいうと五〜七台くらいの規模でした。

――なぜそうした活動を収支報告書に記載しないのですか。

松崎　そこにはカラクリがありまして、**共産党の後援会は二重になっているん**です。政治資金収支報告書に載っている後援会というのは、例えば私の場合でしたら「日本共産党松崎いたる後援会」という名前で選挙管理委員会に登録してありましたが、それは収支報告書に載せる義務があるわけです。ただそこではお金が動いていないから収支はゼロになります。ところが実際に選挙などで活動している後援会は「板橋南後援会」という名前でした。この後援会は選管に登録してありません。あえて任意団体の扱いにしてあるからです。ただ実際はこちらでいろいろな行事をやるわけです。お金も集めるし、バザーもやります。活動の実態はこっちにあるにもかかわらず、正式な後援会としては（意図的に）届け出しないんです。

――共産党では皆さんそうなんですか。

松崎　ほぼそうだと思います。例えばネットなどで共産党○○後援会で新年会をやりましたとかバス旅行に行ってきましたといった記事が見つかると思いますが、その名前の後援会の収支報告書を調べても、ほとんどが記載されていません。

――あえて複数の帳簿にしている理由は何ですか。

松崎　共産党の中では、**お金の出し入れや財務状況は「秘中の秘」**とされるわけです。後援会の総会で収支報告がなされるような場合でも、書類は終了後に全部回収するのが通例です。また口頭でも数字は絶対に外に出さないように注意されます。党の会議においてもそうですよ。よくいわれることは、公安調査庁が共産党の活動を常に見張っており、特に財務状況については一番関心を持っていることなので、**党防衛のためにそうした資料はもち歩かない**ようにと注意されます。

――党の弁護士も了解してやっていることでしょうから、法的にはぎりぎりセーフなんでしょうね。

松崎　たぶんそうです。ばれたとしても言い訳はいっぱい用意されていると思います。自民党の河合案里さん（参院議員）が運動員に報酬を払った問題が出ていました。共産党も東京都の場合は、東京都委員会が共産系の劇団に依頼してアナウンサーを確保するんですが、その場合、同じ人を丸一日拘束することもできないですから、四交代くらいで人を代えないといけない。この人たちはけっして手弁当で雇われているわけではありません。

――複数の帳簿の件は党内ではタブー的な話ですか。

松崎　そもそもそうした認識すらないと思います。恥ずかしながら私自身もそうでした。議員の後援会の資金管理は地区委員会の財政担当者が行うようになっていて、議員本人も知らないうちに収支報告がなされる仕組みでした。自分の後援会の資金管理をみな党にお任せしていました。ですからほとんどの共産党の支持者も議員も、帳簿が二重になっているという感覚すらないはずです。でもそれを外部の人に指摘されたらどうなるか。後援会主催のバス旅行なんていくらでも企画しているのに、なぜ収支報告書に載っていないんですかと聞かれたときに、共産党はどう答えるのか。

――議員になったときに、複数の帳簿でやろうと指導されるわけですか。

松崎　いいえ、議員として指導を受けるのは、個人名の後援会はダメですよというくらいでした。

――「板橋南後援会」というものは無届けですよね。届けなくていいということをいわれるんですか。

松崎　届ける届けないは党の地区委員会が一括してやってくれる仕組みでした。共産党の場合、他党の議員さんより楽なのはそういうところです。選挙の仕組みなんか知らなくても選挙に出られるし、議員にもなれます。

(2) 共産党の被災地支援の実態

――冒頭の『正論』記事の中で、選挙前にコメを配って買収まがいの行為をした話が出てきますね。

松崎　東日本大震災のときに私たちが支援に行ったのは石巻市（宮城県）でした。石巻では共産党の地元事務所は水に浸かったし、各党員の家も被災して、亡くなった方も多くいた。そんな中で衣服や食器などの品物を配るとか、おコメをタダで配るのは共産党ならではの行為と感じました。

公職選挙法では、政治家が自分の選挙区内の有権者に配ってはいけないという規定になっています。共産党が物を配ってなぜ選挙違反にならないかというと、私は板橋区の区議会議員でしたけど、石巻に行って品物を配るわけですから、**選挙区ではないから買収には当たらないという理屈**ができるわけです。警察が立件しようとして捕まえに来ても、私は選挙区外の石巻で配っていただけということになります。

――でも共産党という党名を出して活動している……。

松崎　そうです。**実質的な効果は何も変わらない**わけです。現地の自民党の議員さんからすると、「俺たちだって周りの顔見知りの人が困っているから援助したいけど、自分の地域だからできない」と悔しい思いをしているところに、共産党は全国から集めた物資を平気な顔をして配っている。だから不公平じゃないかとクレームが出るのは当然のことなのです。

――組織政党としての特性をむしろ悪用していると。

松崎　私が松崎いたるという個人で石巻に行って支援するのは全然構わないと思います。でもそれを共産党の活動として行うわけです。現地で物を配って、共産党ってすごいでしょう、困っている人を助ける政党なんですと宣伝するために活動する。その上で選挙になったら、困ったときに助けてくれる共産党の候補者を応援してくださいとお願いするわけです。

――それは買収とみられてもおかしくない行為ですよね。

松崎　厳密にいえば買収に近いと思います。こんな話をすると、買収だったら警察が動くはずだと反論する人が必ず出てきますが、警察はこの手の話では絶対に動きません。まず金額的にたいしたことないですし、人助けでやっている行為をわざわざ立件したら、もっといかがわしい買収行為なんてたくさんあるのに、それを見逃していると逆に警察が批判を受けることになりかねません。

――共産党によるそれらの行為は変わっていないんですか。

松崎　いまも変わっていません。それどころかある意味、組織的になっているんじゃないですか。昨年（二〇一九年）の台風のときも、カップ麺とか下着とかを平気で配っていました。絶対にアウトだと思ったのは、比例代表の候補者に決まっている人物が、自分の選挙区内で品物を配っていました。それを自分のツイッター上で堂々と書いているというケースも見受けられました。

――品物を配るという行為は変わっていないということですね。

松崎　募金の集め方も変わっていないですね。党は「いただいた募金は一般の政治活動資金とは区別して使います」とアナウンスする。政治資金ではないので、**収支報告書には載せなくていいという逃げ口上**なのです。さらに「いただいた募金は被災自治体の義援金と被災者救援活動に当てる」というふうに流します。ただし後者の「被災者救援活動」というのが曲者《くせもの》です。この中には被災地に行くまでのレンタカー代、ガソリン代、ボランティアと称する共産党員の弁当代、交通費などが含まれます。それらを共産党のノボリの旗を立てて、共産党の災害救援活動として行うわけです。事実上の政治活動といえるものですが、政治活動資金と区別するという言い訳によって、政治資金収支報告書に記載しなくて済む。要はこうした行為が、募金をした人の思いとどれだけ重なっているのかという問題です。**共産党の党活動の一部を、救援募金と称して集めたお金で賄っている**わけですから。

——名目は救援活動だけど、実態は共産党の宣伝活動につながっているというわけですね。

松崎　そういっていいと思います。もともと共産党は「国民の苦難あるところに共産党あり」との考え方が根強くありまして、人助けをする党だということをみんなに知ってもらいたいという気持ちがありますから、災害が起きるといてもたってもいられない人が多いわけです。**災害救援活動をすること自体が党勢を広げていく一番大きな宣伝**になるし、党の活動としても理にかなっている面があります。

災害が起きると、ボランティアをやりたいという人も増えますし、共産党のバスで被災地まで行けるよとなると、いままで党とつながりのなかった若い人も参加してくれるようになったりして、一石三鳥という状況が生まれます。

こんなことをいうのもなんですが、**災害救援活動は、政治活動としてみればおいしい限り**です。まずだれからも文句をいわれることがありません。東京で共産党として演説していると「うるさい」といわれることもありますが、そんな共産党であっても、石巻に行って品物を配ったときは本当に感激しました。品物をもって行くと、なんの声も出していないうちから、「あー共産党が来たわよー」っていって、団地からぞろぞろと人が出てくるんです。東京では列をなして署名してくれる光景なんて見たこともありません。石巻では、実際は品物をもらう順番を待っているだけなんですが、署名の列が足りないみたいな感じになっていました。

――それは板橋共産党の独自の活動ですか。

松崎　あのときは共産党の中では、担当地域を割り振っていました。東京の組織は、みな石巻に行く作戦を組んだんです。当時の東京都委員会の専従者が、被災者担当で石巻に出向していたことも関係したと思います。

(3) 品物を配って県議初当選

――東日本大震災の年は、統一地方選挙に重なりましたが……。

松崎 地元では津波以降、だれがどこに住んでいるかもバラバラになっている状態で、その年に県議選をやらなければならない状況でした。そこで共産党がとった方法は、品物を配るときに、並んでいる先頭で原発反対の署名をお願いしますとやるわけです。現地の人は品物が欲しくて並んでいる状況ですから、政治的な運動じゃないかと怒る人も出ないわけです。党の担当者からは「署名は強制ではない。他の目的に使わない」という説明はありました。しかしその説明通りだったかは確かめようがありません。結局、その地域に住んでいる人の**だいたいの名簿ができ上がる状況**になっていました。

――石巻では県議空白区を埋めるまでにつながった……。

松崎 宮城は被害がひどかったから、三月に震災があって、半年くらい先の選挙になりました。もともと石巻には共産党の県会議員の議席はなかったんです。そこに初めて出そうということになって、現職の市議会議員をわざわざ辞めさせて立候補させたんです。現職を降ろして立候補させるなんて珍しいんですよ。それだけ何が何でも取るという決意の表れだったのですが、結局何が勝因だったかといえば、**物量作戦**ですね。**困っている人に**

物を配って、恩を売る。だから自民党の議員なんかから当然のように不満の声が出た。共産党は物を配って当選させたと。

――いまもその議席を維持しているんですか。

松崎　去年（二〇一九年）は無投票で入っています。有権者にとっては、いちばん困っているときに助けに来てくれたわけですから。それはもう理屈ではありません。他党の人間が公職選挙法があるから助けることができないなどと言い訳がましいことを言ったとしても、「**共産党はコメを持ってきてくれたよ、お前のところはなんだ**」という話になります。災害が起きたあとに募金をやって被災地に持って行くわけですが、東京で募金を集めるだけでも好印象ですからね。私たちだって（この活動は）楽しかったです。募金箱を持って被災者救援のためにお願いしますと頭を下げると、日ごろは共産党に好意的でない有権者でも、頑張っているじゃないかとチャリンチャリンとお金を入れてくれます。

――募金の集め方、使い方が共産党の場合、他党とは違う面があるということですね。

松崎　板橋区では、自民党と公明党が共同で街頭募金をやったこともあります。この場合の集まったお金は、板橋区役所とか、赤十字に預けるはずですよ。私はそれが正解だと思います。ところが共産党はそういうやり方をとらないで、「被災者救援活動」という名目で、**自分たちの活動資金の一部として使ってしまう**。それらはけっして横領という性格ではないにせよ、自分たちの政治活動に反映する形で使ってしまっていることに変わりはありません。**被災地支援募金にお金を預けた人の気持ちとは、ずれる部分が生じるのは明らか**だと思います。

共産党が集めた募金を、被災地の救援センターに届けるといっても、実際は地元の共産党事務所がそのまま救援センターという看板を掲げていることもあります。被災地では（共産党の）地区委員会や議員の事務所がそのまま救援センターになっているケースもあるのです。

「世の中をもっとよくしたい」と願って日本共産党に多くの真面目な人たちが集まっていることは事実ですが、共産党の被災地支援の実態は、組織そのものを守り宣伝することを自己目的化していると批判されても仕方がないと感じます。

【まつざき・いたる】 一九六四年東京都生まれ。東京学芸大学入学後、民青同盟員をへて二〇歳で入党。大学卒業後は福祉作業所で勤務後、九〇年に日本共産党の公募試験で本部勤務員（本部職員）として採用され、出版局で勤務。書籍編集部員として『赤旗手帳』の担当、雑誌『グラフこんにちは』編集部など。九九年昭島市議会議員選挙に落選後、同党の東京都議会事務局で三年間勤務。二〇〇三年板橋区議に初当選し、四期一六年を務める。区議時代に板橋区ホタル飼育担当職員の不正問題を追及。小沢一郎につながる問題だったが、同党上層部が野党共闘にカジを切ったタイミングであったことから上層部に疎んじられ、結果的に二〇一八年一二月に除籍処分。

第18章 「日本共産党は〝横糸〟が欠けていた」【体験者は語る】

——冨田静恵・元藤井寺市議会議員

一九四七年生まれの冨田静恵《しずえ》さんは典型的な「団塊の世代」の一人だ。六〇～七〇年代に青年期を過ごしたこの世代は多くの人びとが日本共産党に参加した。冨田さんの半生もまさにそうで、学生時代に党の青年活動に関わり、その後高校教員、市議会議員としてすごした。だが順調に見えた党員生活は突然壁にぶち当たる。そこには共産党ならではの体質が横たわっていたと振り返る。（収録・二〇二〇年一月）

（1）高校教員から市議会議員へ

島根県大田《おおだ》市の石見銀山の近くで生まれました。子どものころから背は高かったけど、スポーツは苦手なタイプでした。中学に入って最初に英語を習った女の先生が、本当のお姉さんのように親しみのもてる人で、その影響も加わって英語がますます好きになりました。おじさん夫婦の勧めで神戸外大に入り、英文学科で英語一筋に学びました。同じ大学の後輩にイギリス留学中に北朝鮮に拉致された有本恵子さんがいます。いま考えたら私もよく連れて行かれんかったと思うことがありますよ。

二年生くらいのとき、学科の先輩の女性が日朝協会に誘ってきました。北朝鮮の話をバラ色の世界のように話していました。その後その先輩が民青同盟にも誘ってきたんです。そのときは親にも相談しないで体験してみようかという感じで入りました。

冨田静恵さん（撮影・三原修）

大学を卒業する前に共産党に入党しませんかという話がありました。私にとっては（民青の）続きみたいな感じやったから「いいですよ」って承諾したんですが、細胞（現在の支部）には呼ばれなかった。父親が警察官やから、私が自立するまで待とうということだったかもしれません。だから入党届を書いた覚えもあやふやで、（入党の件は）保留になったまま教師になりました。

地方はまだ封建的なところがありまして、就職するときは実家に戻る考えはありませんでした。大阪府の教員採用試験に合格したけど、民青の活動をやっていたせいか、採用先の学校がなかなか決まらなかった。書類を全部用意して府の教育委員会に出向き、「定時制でもどこでも行きますから」と頼みこみました。最初は平野区（大阪市）の工業高校に三年いて、当時は〝未結集〟の党員でした（党の会合に参加しない活動的でない党員のこと）。

それから次の高校（富田林市）で一六年間勤務しました。男女共学の高校で、職場をよくしようという意欲をもった教職員がたくさんいて、共産党の（職場）支部は、党を支持する人を中間管理職に選んで、公然化していない党員がその人に協力する形で上手に職場づくりを行っていました。そこでいろんなことを経験しました。正義感が強いこともあって部落問題研究会の顧問を務めましたし、女性教員は普通は運動部の顧問を嫌がるのですが、水泳部や山岳部の顧問も務めました。あの有名な槍ヶ岳にも生徒と共に登りました。生徒の自治会顧問もやりました。

担任をしているときクラスでリーダーを見つけて、そのクラスで何か困っていることはないか、悩んでいる子はいないかとか、自分たちで問題を見つけてそれに取り組んでいこうというクラスづくりに力を入れて取り組みました。自治会づくりの一環ですが、それをやったときに、人と人がつながっていく手ごたえを感じました。

あの体験はいまでも生きていて、私の生き方の基本になっています。この時期には、職場の支部からの働きかけがあってすでに党員として積極的に活動するようになっていました。

市議会議員（共産党）の話があったのは三つめの高校に移って二年ほどたったころです。若いころは英語の教師としてさまざまな理想をもっていたのに、がんじがらめの英語教育の中で立ち往生している自分に、このままではいつかだめになるという気持ちが強くなっていました。ちょうどそのころ立候補の話がありました。

藤井寺市は職場と隣接していた自治体ですが、私の勤務していた高校に通う子がたくさんいましたし、そんな理由で白羽の矢が立ったと思います。四〇を過ぎたころ、選挙の一年前くらいに退職しました。それでもすぐに候補者として活動をさせてくれるわけではなく、地元の地区委員会（党組織）の雑用を手伝いながら、少しばかりの収入を得ている状態でした。

(2) 地元党員らのやっかみと猜疑心

共産党の話になりますが、一般的にいって、組織は目的があって、人がいて、引っ張っていくリーダーがいて、縦の線と参加している横の人たちの両方で織物を織っていくような感じだと思います。

縦糸は方針、横糸は役員が指導しながら織物を編んでいく。縦糸と横糸が同じくらいの強さでなかったら、いい織物は織れない。共産党は横糸が貧弱(個人がバラバラで横の糸になっていない)で、縦糸だけが強い。こんな組織はだんだん人が出て行ってしまって衰退していきます。組織を本当に強くしようとしたら横糸を強くしないと、織物をちゃんと織っていけないという感じでした。

なぜ縦と横の話をしたかというと、議員の話があって立候補の決意をしたとき、地域に行ったらエゴ丸出しの人がたくさんいて、党員の人たちに足を引っ張られる感じがしました。私はその人たちの担いでいる神輿《みこし》に乗っているようなものでした。議員になったときに地域の党員からいわれました。

「共産党は平等、平等といっているのに、私らみたいな主婦に議員の仕事やりませんかとは回ってこなくて、教員とか社会的な地位のある人ばっかりにもって行く」「あんたたまたま教員やってたから議員になれただけで、いままで地域を守ってきたのは俺らやで」

選挙で事務所を立ち上げますね。事務所開きがあって、午前中にみんなでいろんなものを食べてお酒も飲んで、昼から宣伝に出かけましょうということでいったん解散したんですが、だれも来なかった。大阪にいた妹夫婦が応援に来てくれていましたが、「姉さん、えらいところで立候補したんやね」と泣きながらいったのを覚えています。

教員支部の支部長が選挙の準備活動にまったく集まってこない様子を見て「ようこんな（いい加減な）ところで立候補させたね。それでもあなたは本気で頑張っているから偉いわ」といって一緒に動いてくれました。その人は後になって共産党を辞めた人です。

最近会ったら、「僕だって大学時代に共産党に入ったけど、最初からいっていることとやってることが違うと思っていた。こんなんやったらめざしていることなんか絶対実現できへんとわかっていた」と胸の内を語ってくれました。

ほかにも議員時代に引っ越しをした際、手伝いに来てくれたのが党員二人とあとは後援会の人だけということがありました。党員の人が来ていないことを気にかけたその人が、「なんでもっと行ってあげないの」と聞いたら、「手伝いに来てくれといわれんから行かへんだけや」と。普通なら、引っ越しするとわかったら手伝おうかといってくるものなのに、それすらなかった。横のつながりが非常に弱い組織（居住支部）でした。

議員の中でも横のつながりが弱くて、私と夫が家を購入したときも、議会に会議室があるのに、古参議員からわざわざ議員の自宅でもち回りで会議しようとか言われて、別にかまへんけどなんでそんなことをするのかと思いました。最後は家のローンはどのくらいなのかとかも聞かれまして、なんでそんなプライベートなことまでいわないといけないのかと口に出して反発しましたが、いま考えたらスパイしてたんやなと思います。それぞれどんな生活しているかみたいなことを上に報告してたんかなと。

議員活動をやってるときも、何でも勉強になるからやってみなさいという感じで難しいことを全部私に押し付ける。それで自分たちに都合の悪いことは話し合ったり指導したりするのではなく、陰で上に報告する。議会で一つのことを追及しようとすると、その先輩議員がもっといろんなことを質疑しないといけないというんですね。どんどん質疑の内容を薄めていって、結局、総花的になって、形式だけの質疑に終わっていました。

先輩議員とはしょっちゅうぶつかりながら私は本音でやりとりをしました。だから逆に目をつけられたと思います。

(3) 離党届を提出するまで

私が議員をやめたのは、本当のことをいいますと、議員時代に最初の結婚に終止符を打って新しい生活をスタートしようとしている時期でした。そのころ、冨田という男性と知り合い、付き合い始めていたのですが、彼は西日本初の共産党員市長（羽曳野市）を誕生させる際に貢献した一人で、共産党内部のことを悪いことを含めてたくさん知っていました。

彼の存在は共産党にとってはすごく怖い存在だったと思います。その冨田と付き合っているとわかると、私の家を党員が張り込んで見張るようになりました。それで、次の選挙には推薦しないという雰囲気になってきて、党のほうで勝手に次の候補者を探し出したんです。それでも私には埋由をはじめ何もいわないで、あたかも議員としてサボっていたかのようなイメージをつくろうと、会議の中で吊し上げようとしました。私が次々と自分の実績を挙げていくと、謝るどころかもういわんでいいという態度で発言を制止されるという調子の会議にならない会議でした。

私はどちらかというと正義感が強くて、がんじがらめに利用されている彼を助け出さないといけないという感じがすごくあった。（党の上部機関の）府委員会に行って、私をどうするつもりかといったら、そこで「冨田と別れろ」といわれました。これってプライベートなことですやん。

そのとき、二期くらい休んでもらってあとでもう一回議員に戻してやるみたいなことを交換条件に言われたから、私も頭にきて、「何をごちゃまぜにしてるんですか。わかりました、もう結構です。私は彼と結婚しますから」と啖呵を切って帰ってきました。

学校の仕事も辞めて一大決心で活動してきたのに、プライベートを議員を続ける交換条件にするなんてことに応じられるわけがありません。私は呆れ、失望しました。利用されただけということを骨身にしみて実感しました。私はただの道具の一つやったんかと思いました。そのことでだれも相談に乗ってくれることもなかったし、こんな情報があるけどいったいどうなのと聞かれることもなかった。スパイみたいなことをされただけでした。

要するに横のつながりで尋ねてくる人は一人もいなくて、縦のつながりだけで皆が動いていた。共産党がそういう党だということや、あの党の冷たさも（内部の人間なら）多くの人が感じていると思います。横のつながりで協力し合ってピラミッドみたいになってやってるわけじゃないというのは、この党に入ったらだれもが薄々わかってくると思います。

すぐに離党届を書き、内容証明郵便で出しました。

私が議員をやめたあと、「いろいろあったけど、元気にやってる？」と顔を見に来てくれた人がたった一人だけいました。それ以外はみな知らん顔。私が教員時代に親身になって助けてあげたり、姉になり親になったりみたいにして助けてあげた党員からも、手紙もこないし、電話もありませんでした。

一人だけ心配して来てくれた近所に住む女性は、長年共産党員として同じ教員をやっていた女性ですが、最近その女性からいわれたんです。「結局優しい人だったらだれでもいいねん」って。それは彼女だって党の中で優しくない体験ばかりしてきたことの裏返しやなと思いました。結局、人間性が大事やということです。

（4）私が感じた日本共産党の限界

資本主義社会はいつか必ず破綻して、共産主義社会になるという理論があります。しかし、レーニンが打ち立てた社会主義体制もすぐにダメになりました。結局、縦線・横線の人間の組織がうまくいっていなかったら、絶対に理想は実現しないし、縦線だけが強い限り、権力争いが続いていくだけやと思います。

共産党の理論の中では、プロレタリアート独裁とかいってきましたが、仮にそうなったとしても、党幹部がリーダーシップを取っていくわけですから。その幹部がほんとうに民主的にやっていけるかどうかを考えたら、**人間性がついていかなかったら、所詮はいままでと似通った権力闘争を繰り返すだけ**です。横のつながりをどうやって強くしていくかというのは、組織だけでなく、人間の命運がかかっている問題やと感じるようになりました。

マルキシズムは資本主義体制を批判して、社会主義へ、共産主義へと意図的にやろうとしたわけじゃないだろうけど、初めてそういう分析をしたという意味では画期的だったと思います。でも、人間がそれに見合うように成長していかなかったら、結局のところは絵に描いた餅にすぎません。ソ連のようになったり、似て非なるものがいっぱいできて、新しい不幸をつくり出すだけです。そのことは実際に目の前で証明されてきたわけですから。

共産党の考えていたことは経済的な理論の一つではあるでしょうが、人づくりとかには無関心で、ただ人間を利用してきただけです。個人の尊厳なんて関係なく、利用するだけ利用して、社会的にちょっとでも自分たちに不都合なことがあったらバサッと切り捨てる。

もともと共産党は**党の上に個人を置くなという考え方**です。でもそれって、**結局は人間を利用しているだけ**ですよ。縦糸と横糸もどっちも大事で尊重されるから民主的な組織といわれるわけで、縦糸ばかりやったら、そのうち入党する人もいなくなっていくでしょう。

実際いまはすごく小さくなって存亡の危機に陥っているみたいですね。

若いころは貧富のない世界をつくる思想に憧れました。でも、私の体験した**共産党は党の方針という縦糸があるだけで、横のつながりはものすごく弱い。〝人間主義〟の組織にはなっていない**わけです。大事なのは、人間的な横のつながりをどうやって強くしていくかです。横のつながりというのは、軍隊のように規律と命令でピタッとつながるんじゃなくて、だれかがだれかにつながっていって、つながっていない人はだれかがつながろうと努力している。そうやってみんながつながっている。私のイメージはそんなんです。その上で一人ひとりが自主的に輝いている世界。

学生時代に民青同盟に出会ったから、私は共産党に入ってやってきました。でも途中で「これはダメだ」というものにぶつかり、一時は組織嫌いになったこともありましたが、それでも何をやるにも組織そのものは必要ですね。縦糸と横糸がお互いにしっかり機能し合ってこそ、よい布が織れる。そういう民主的な組織こそが、私たちが求めていくものです。

いまは新しく得た職場で横糸の関係（チームワーク）を大切にしようと、信頼のつながりづくりを心がけています。

【とみた・しずえ】　一九四七年島根県生まれ。神戸外国語大学英文学科卒業後、大阪府の高校教員に。府立高校勤務時に市議会議員立候補を勧められ、九一年から藤井寺市議（日本共産党）を一期つとめる。再婚というプライバシー問題に党の上位組織が目をつけ、二期目の推薦を行おうとしなかったことから、府委員会と直接折衝し離党。現在は新たな生活を送る。

第19章　京都の教訓～庇《ひさし》を貸して母屋を取られる

（1）　三度目の政権構想

二〇一五年の集団的自衛権に関する政府解釈の変更は、共産党の周辺を大きく変えた。同党が呼びかけた「野党連合政権」の呼びかけに、自由党の小沢一郎代表らが呼応し、それまでの「共産党抜き」の野党共闘の枠組みが崩れたからである。

現実に、二〇一七年に行われた第二七回共産党大会には、小沢一郎自由党代表をはじめ、民進党など野党各党の党首クラスが初めて顔を揃え、同党史上、党大会における初の出来事となった。

歴史をたどると、日本共産党が民主連合政府の樹立を唱え出したのは六〇年安保闘争の直後。そこから数えてすでに六〇年の歴史がある。

一九七〇年に宮本委員長、不破書記局長を新たに選出した第一一回党大会では、「七〇年代の遅くない時期に民主連合政府を樹立する」が合言葉となったが、連立相手と想定した肝心の日本社会党から「共産党は独善的」との反発を受け、構想が現実味を帯びることはなかった。

九〇年代後半、その社会党が事実上消滅し、それら批判票の受け皿となることで共産党は一時的な飛躍を見せた。このときも同党は「二一世紀の早い時期に樹立する」と掲げたものの、実現化されることはなかった。

いずれも連立政権の相手となる対象が、明確に存在しなかったことが大きい。ところが三回目となる今回は違う。明確な野党連合の対象が浮かび上がってきたのだ。

その意味で今回の政権構想は、同党にとって〝三度目の正直〟ながら、現実味を伴った初めての政権構想といえる。志位執行部が野党連合政権の呼びかけ人となり、積極的に働きかけを行うのは、高齢化で息詰まる党内事情とともに、これまでにない環境変化が作用している。

（2） 庇を貸して母屋を取られる

同党にとって最初の政権構想となった七〇年代の連立構想がうまくいかなかった原因は、

単純に社会党をつなぎとめることができなかったことにある。その亀裂が京都府知事選で生じた史実は何やら因縁深い。

京都の共産党といえば、一九五〇年から七期二八年続いた蜷川虎三《にながわとらぞう》知事の府政がしばしばとりざたされる。

当初は日本社会党員として立候補し当選しながら、途中から社会党ではなく、共産党にべったりの知事となった。社会党からすれば、もともとは共産党に庇《ひさし》を貸した程度にすぎなかったが、いつしか母屋《おもや》を取られる形となった。

といっても蜷川知事が最初からずっと共産党に近かったわけではない。蜷川の三回目の選挙となった一九五八年の府知

蜷川府知事の６回目の当選を大々的に報じる『赤旗』（1970年4月14日）

事選では共産党は独自候補を擁立してむしろ敵対する形をとった。両者が本当の意味で親密な関係となるのは、六六年の五期目の選挙以降とされる。

府民の税金の多くが、共産党の関係団体の拡張のために使われたのは有名な話だ。民商、土建（京建労）、民医連など、ありとあらゆる共産党系機関を通じて日本共産党の党勢拡大のために使われた。二〇一九年暮れに出た大下英治著『野中広務　権力闘争全史』ではこう描かれる。

「（筆者注＝蜷川府政は）個人個人に対する『ばらまき行政』が中心で、しかもこの『ばらまき』が、共産党の勢力を伸長させるように使われていた。例えば、共産党が掌握している京都建設協同組合というところに、健康保険の補助金を際限なく出す。あるいは、京都市内の各難病団体にそれぞれ補助金を出し、その事務局長に共産党員を張りつけて、人件費補助をする。こうした方法で、共産党があらゆるところに組織を浸透させていった」

その結果、京都府は日本でもっとも同党の強固な地盤を誇る土地柄となってしまったのである。

（3）二〇二〇年京都市長選挙

二〇二〇年の二月二日に投開票が行われた京都市長選挙は、地元の与野党が激突する久方ぶりの熾烈な戦いとなった。

自公が推す現職市長を、立憲民主、国民民主、社民が相乗りとなって推す形で、一方の共産系候補を支援したのは山本太郎の率いるれいわ新選組くらいだった。要するに国政の枠組みとは異なる。

2019年新築された共産党京都府委員会の立派な建物（2020年1月撮影）

投票日一週間前がすぎたころに記者が現地を訪れてみると、ある小学校で開かれた個人演説会では、京都を地盤とする穀田恵二代議士（党国会対策委員長）が声を張り上げていた。

「いつもなら直前くらいに反共攻撃をし

てくる相手陣営がすでに一週間前に新聞広告の形で攻撃してきた。相手が焦っているあらわれだ」

過去には共産候補が現市長に対し、わずか九五一票差まで詰め寄った市長選挙（二〇〇八年）もあった。そのときとよく似た構図となっており、現職側も必死だった。

現職陣営が『京都新聞』や『朝日』『読売』の全国紙（京都版）に、「大切な京都に共産党の市長はＮＯ」と題する広告を打つと、共産側も即座に対抗する広告を同じ新聞に掲載するなど、新聞広告をめぐる熾烈な攻防が展開された。

ツイッターなどのＳＮＳ上でも、安倍政権を批判し、京都市長選で共産候補を勝たせて突破口にしようとする勢力が活発に活動を繰り広げた。だがフタを開けてみると、現職市長が五万票近い差をつけて競り勝った。

弁護士でもある共産候補は「すぐやるパッケージ」など政策本位の主張を繰り広げたが、思ったほどの支持拡大には至らなかった。

（４） 京都社会党の二の舞のおそれ

二〇年ほど前、私は京都の社会党関係者を訪ねて取材に回ったことがある。どの幹部も、日本共産党に快い気持ちを抱いていなかった。一言でいえば、同党の独善的な欠点が骨身にしみていた。

その背景にあったのは、共産党の上意下達の独特の組織原理と貪欲な権勢欲。一方の社会党は自由さをもつ反面、組織としての一体感に欠け、自民党的な腐敗体質により逆に蜷川知事から敬遠される要因となった。

二〇二〇年の京都市長選で、地元社会党の流れを組む両民主党、社民党が反共産候補を応援したのは、歴

共産党が「ヘイト広告」と嚙みついた現職陣営の新聞広告（『京都新聞』2020年1月26日）

史的な流れに基づくものだ。つまり、野党連合における地方と国政の「ねじれ」が生じた象徴的な選挙となったわけである。

れいわ新選組の山本太郎党首は立憲民主や国民民主、社民党などとは正反対に同年一月の共産党大会には単独欠席したものの、京都市長選では熱心に共産候補を応援した。れいわは立憲民主などの非協力的な態度にしびれをきらしたのか、一月三一日、この選挙戦の途中にもかかわらず、次期衆院選の小選挙区で一〇〇人の候補擁立の予定を発表し、当の立憲民主を慌てさせた。

野党内におけるれいわと立憲民主の主導権争いの一環と見られたが、野党連合の足並みが乱れていることは、年末年始に行われた立憲民主と国民民主の合流話が「破談」に終わった事実からも明らかだ。

日本共産党はこれまで六〇年間、「民主連合政府の樹立」を呪文のように唱えてきた。当然ながら一度も実現したことはない。

同党が〝単独政権〟を得られる見込みがない以上、漁夫の利を得る形で、連立政権の一角に滑り込むしか現実的な望みはない。だがこの党が政権に入った場合にどのような事態が起きるかは、かつての京都府政を見ればそのおそれは明らかだ。

日本社会党の大衆的な人気に乗じて政権獲得に参画し、いつしか自分たちが「主軸」の立ち位置を占めた。さらに獲得したその政治権力を、こんどは自分たちの権益拡大（＝党勢拡大）のために存分に活用し、党組織を増殖させていった。その結果、簡単には崩れない基盤を京都につくり上げた。いまの京都を見れば、その歴史的教訓は明らかだ。

野党連合は、かつて庇を貸して母屋をとられた京都社会党の二の舞になる可能性が十分にある。

エピローグ　共産党との私的な関わり

私事になるが、筆者は戦争終結から二〇年後の一九六五年、九州の日本社会党員の家に生まれた。両親は同じタバコ製造工場に勤務し、父親は労働組合（社会党系）の専従職員だった。子どものころ、職場に連れていかれては、「ダンケツ　ガンバロー」のシュプレヒコールを耳にする機会があった。五五年体制とよばれる保守・革新運動の伯仲した時代、社会党の勢力は労働者を中心に活発だった。

日本共産党との最初の出会いを思い起こすとき、私は小学校高学年のときの女性の担任教師のことが脳裏をよぎる。

夫は同党の自治体議員で、妻である教師もゴリゴリの共産党員だった。クラスを六つの班に分け、規則を守った班をトップ班、守らなかった班をビリ班と週ごとに認定する小学生による自治活動を奨励した。

後年、私は子どもに銃をもたせ共産主義で数百万人を殺害したカンボジアのポル・ポト政権を想起するようになった。

中学、高校と九州ですごし、大学入学のため上京すると、入学した大学の自治会の多くは「革マル」が支配していたが、筆者の学部だけはなぜか「民青」が仕切っていた。私は「ミンセイ」の意味すら正確に理解していない典型的なノンポリ学生にすぎなかった。

バブル全盛時代に大学卒業後、編集プロダクションなどをへて、ひょんな縁から社会党機関紙『社会新報』の記者として三年ほど仕事をした。編集部には、政党機関紙『赤旗』が置かれていたが、熱心に読んだ記憶はない。ただし社会党の中でしばしば感じたのは、同党内の強烈な共産党アレルギーで、近親憎悪に似た感情が渦巻いていた。

一九九六年末、民主党の結成とともに分裂した『社会新報』を離れ独立。フリーランスとなり主に政治・社会分野を中心に取材・執筆活動を始めたころ、『別冊宝島』という媒体で日本共産党をテーマに取材する機会があった。

政党機関紙時代の経験をいかし、企画を何本か提出した。一九九七年のことだから、日本社会党という党名がなくなり（社会民主党へ移行）、その分の票が共産党に流れ、同党に〝漁夫の利〟的な躍進が訪れていた時期である。

共産党が議席を増やした一九九七年の東京都議会選挙を定点観測で取材した。

また『赤旗』記者のＯＢに何件も取材依頼し、結局、大阪で一人の元記者が匿名条件で応じてくれた。すでに物故しているので実名を明かすが、その後大宅壮一ノンフィクション賞を受賞する萩原遼氏である。

萩原氏は気さくで庶民的な人柄だった。古巣の『赤旗』批判を率直に口にし、自分の党を批判するページをつくるくらいでないと同党は発展しないなどの持論を展開した。

ほかにも系列団体である民主商工会（いわゆる民商）を取材した。接した党員の多くは好感のもてる人びとで、この時も庶民的な印象を受けている。

これらの取材を契機に日刊紙『しんぶん赤旗』を継続して購読するようになり、以来、四半世紀近くが過ぎる。個人的に日本共産党との紛争が生じたのは二〇〇三年に入ってからだ。

二〇〇二年暮れにペンネームで上梓した単行本『拉致被害者と日本人妻を返せ～北朝鮮問題と日本共産党の罪』（未来書房）を、同党が原告となり、出版社や著者などを民事・刑事で訴えてきた。訴えの理由は名誉棄損と著作権法違反だった。

著作権法違反といっても、その中身は、過去の日本共産党と北朝鮮の親密な関係を証拠として示すために、古い時代の『アカハタ』社説などを大量に付録として掲載したもので、それらを法律違反として訴える「形式犯」の追及にすぎなかった。

本の中では、「兄弟党」ともいえる北朝鮮との親密な関係のもと、日本共産党が多くの在日朝鮮人をかの地に送る先頭に立ち、それらが機縁となって多くの拉致被害者が発生したにもかかわらず、その責任に口をつぐんでいる最高指導者・不破哲三らの言動は卑怯ではないかと問いかけていた。

結論として、名誉棄損に該当するような事実誤認の記述は存在せず、案の定、共産党は最初に告訴した際や民事で訴えた際には『赤旗』紙上で私の実名等をあげて大々的に騒ぎ立てておきながら、わずか一年半後の二〇〇四年一〇月には、賠償金ゼロのまま、裁判上の訴えを取り下げる和解に応じた。

事実上、日本共産党が著者のペンの真実性に〝屈服〟する形となった。

それにしてもその本を取材執筆するまで、私は日本共産党は「平和の党」であり、「反戦の党」であると信じて疑わなかった。いまから思えば、表面的な取材に終始し、物事の本質を見抜けない思慮浅き取材者にすぎなかった。いまも似たように勘違いしたままの人は世の中に少なからずいるはずだ。

高度経済成長期に生まれ育った筆者は、戦後間もないころに同党が暴力革命に着手し、日本社会を恐怖のどん底に落とし入れた暗黒時代に直接接していない（悪名高き「破壊活動防止法」はそのころ誕生した）。

世界で共産主義の実験が軒並み失敗に終わり、多くの国で同党勢力が退潮・消滅する中、先進国ではなぜか唯一、日本でのみ生き延びる。

その要因は、同党が一九五五年以来、六〇年以上かけて日本で肯定的なイメージを有権者に刷り込むことに成功したブランディングの成果と思える。本書はその「ブランド化」の内実が、いかに虚飾に満ちたものであったかを検証するまたとない機会となった。

本書は月刊『第三文明』で二〇一八年一一月号から二〇回あまり連載された「日本で生き残るガラパゴス政党の真実」をベースに、加筆して再構成したものだ。取材に協力していただいた多くの関係者の皆様に深くお礼申し上げる。

付論／日本共産党綱領の変遷

（本文中のゴシックは筆者による。カッコ内の綱領名は正式名称ではなく、俗称である）

一九五一年綱領（徳田綱領）

綱領——日本共産党の当面の要求

〔一九五一年一〇月一七日〕

第五回全国協議会で採択（五五年七月の六全協でも追認）

一　アメリカの占領は、日本人をどんなに苦しめているか？

現在、日本の国民は、日本の歴史はじまって以来、かつてなかったほどの苦しみにおちいっている。戦争と敗戦は、国民に破滅をもたらした。終戦後、日本は、アメリカ帝国主義者の隷属のもとにおかれ、自由と独立をうしない、基本的な人権をさえうしなってしまった。現在、わが全生活——工業、農業、商業、文化等はアメリカ占領軍当局によって、管理されている。

（中略）

日本が必要とするのは、けっして新しい戦争の道ではない。**中国とソ連邦をはじめとする平和愛好諸国との平和と協力の道**である。戦争の道は、日本にとっては滅亡の道であり、その自由と独立をほろぼす道である。他国との平和と協力の道の上に、自国の工業と農業の自由な発展の道の上に、自由な内外貿易の発展の道の上にのみ、日本は、その自由と、独立を回復し、その経済の興隆と、文化の繁栄をなしとげうるのである。占領下にない日本は、他国との協力によって、その経済の興隆のために必要なすべてのものを、すなわち、その製品を売るための市場、工業のための原料、食料品、その他を獲得することができるのである。

二　吉田政府はアメリカ占領制度の精神的・政治的支柱である（略）

三　民族解放民主革命はさけられない（略）

四　革命の力――民族解放民主統一戦線

新しい民族解放民主政府が、妨害なしに、平和な方法で、自然に生まれると考えたり、あるいは、反動的な吉田政府が、新しい民主政府にじぶんの地位を護るために、抵抗しないで、みずから進んで政権を投げだすと考えるのは、重大な誤りである。このような予想は、根本的な誤りである。反対に、吉田政府はじぶんの権力を固守し、占領を存続させるため、かつ、国民をいつまでも奴隷状態にとどめておくために、全力をあげてたたかうであろう。そのために、吉田政府は、警察と軍隊をもち、占領当局の援助をうけ、地主、巨大資本家、さらに、天皇と、その周囲のものの援助をうけている。

誰でもしっているように、吉田政府はこのような日本国民にたいする闘争をすでにおこない、共産党を地下におしこめようと、労働者と農民の指導者を逮捕し、労働組合と農民組合を内部から破壊している。

かりに、国会の選挙のときに、吉田政府が多数を獲得しない場合でも、事態は、改善されない。極端な場合には、吉田「内閣」を、吉田の政策をおこなう、他の反動主義者の「内閣」にかえても万事はもとのままである。

日本の解放と民主的変革を、平和の手段によって達成しうると考えるのはまちがいである。

労働者と農民の生活を根本的に改善し、また、日本を奴隷の状態から解放し、国民を窮乏の状態から救うためには、反動勢力にたいし、吉田政府にたいし、国民の真剣な革命的闘争を組織しなければならない。すなわち、反動的吉田政府を打倒し、新しい民族解放民主政府のために道を開き、そして占領制度をなくする条件を作らなければならない。

これ以外に行く道はない。

（以下略）

一九六一年綱領（宮本綱領）

第八回党大会で決定

〔一九六一年七月二七日〕

（一）日本共産党は、第一次世界大戦後における世界労働者階級の解放闘争のたかまりのなかで、十月社会主義者大革命の影響のもとに、わが国の進歩と革命の伝統をうけついで、一九二二年七月十五日、日本労働者階級の前衛によって創立された。

党は、当時の日本の支配体制の特殊性にもとづいて、ブルジョア民主主義革命を遂行し、これを社会主義革命に発展転化させて、社会主義日本の建設にすすむという方針のもとにたたかってきた。その後の事態の発展は、この方針が基本的にただしかったことを証明した。

党は、さまざまなきびしい試練に直面したが、労働者階級の不屈の力にたより、マルクス・レーニン主義とプロレタリア国際主義にもとづいて、日本人民解放のためにたたかってきた。

党は、日本人民を無権利状態においてきた絶対主義的天皇制の軍事的警察的支配とたたかい、**天皇制をたおし民主的自由をかちとるためにたたかってきた。**

（中略）

党は、これらのたたかいをつうじて、科学的社会主義であるマルクス・レーニン主義の思想を、わが国の人民大衆のあいだにひろげるためにたたかってきた。

（中略）

党は、アメリカ帝国主義の占領支配と日本独占資本の売国・反動・収奪の政策に反対し、即時全面講和を主張しつつ、民族独立、民主主義、平和と人民生活向上の統一戦線を組織するためにたたかってきた。

中国革命の偉大な勝利、世界と日本の平和と民主主義と社会主義の勢力の前進に直面して、**アメリカ帝国主義は朝鮮にたいする侵略戦争をおこない**ながら、日本をかれらの世界支配の重要拠点としてかためるみちをすすんだ。そしてアメリカ帝国主義は、かれらの目的を達するために、あたらしい手段をとった。一九五一年、アメリカ帝国主義と日本の売国的独占資本の共謀によって、ソ連邦や中華人民共和国などをのぞきサンフランシスコ「平和」条約がむすばれ、同時に日米「安全保障」条約が締結された。それは、一方では、ポツダム宣言の拘束をまったくすてさり、日本をソビエト連邦と中華人民共和国などに敵対させ、日本の支配勢力をより積極的にアメリカ帝国主義に同調させ、日本の軍国主義を復活し、アジア人をアジア人とたたかわせることを目的としたものであった。また他方では、ポツダム宣言にもとづく全面講和にたいする内外民主勢力の要求をそらし、日本人民の民族独立のたたかいをおさえるためのものであった。

アメリカ帝国主義の全面的占領支配は、半占領状態にかわり、日本政府の統治権は以前よりも拡大され、日本はかたちのうえではいちおう主権国家とされたが、その民族主権は実質上いちじるしく侵害されており、真の独立は回復されなかった。

沖縄、小笠原は、ひきつづきアメリカの直接の軍事占領下において属領化され、アメリカ帝国主義のアジアにおける最大の核ミサイル基地とされて、わが同胞は植民地的圧迫と無権利状態のもとにくるしめられている。わが国には数多くのアメリカ軍事基地があり、核兵器がもちこまれ、アメリカ帝国主義はわが領空、領海をほしいままにふみにじっている。戦後十六年間、アメリカ帝国主義者の不法、野蛮な行為によって多くの同胞が殺傷され、はずかしめをうけている。広島、長崎への世界さいしょの原爆投下、ビキニの水爆被災など、日本人民は三たびアメリカ帝国主義の核兵器の犠牲とされたうえ、さらにアメリカ帝国主義のたくらむ新しい核戦争の危険にさらされている。

日本の自衛隊は、事実上アメリカ軍隊の掌握と指揮のもとにおかれており、日本独占資本の支配の武器であるとともに、アメリカの極東戦略の一翼としての役割をおわされている。国連において日本の政府代表は、しばしばアメリカ政府のための投票機械の役割をはたしている。

アメリカ帝国主義は、日本の軍事、外交、金融、貿易などに、いぜんとして重要な支配力をもっている。

アメリカ帝国主義と日本独占資本の合作によるサンフランシスコ体制――すなわちサンフランシスコ「平和」条約、日米「安全保障」条約などの一連の諸条約に法制化されている反ソ、反中国、反共の講和体制であり、同時に、アメリカにたいする日本の従属的な同盟、戦争準備と日本民族抑圧と収奪維持の体制――のもとで、労働者、農民をはじめとして勤労市民、知識人、中小企業家などブルジョアジーの一定部分をふくむ広範な人民諸階層の平和と独立のねがいはふみにじられ、生活と権利は圧迫されている。

現在、日本を基本的に支配しているのは、アメリカ帝国主義と、それに従属的に同盟している日本の独占資本である。**わが国は、高度に発達した資本主義国でありながら、アメリカ帝国主義になかば占領された事実上の従属国**となっている。

（中略）

しかも、日本独占資本は、ひきつづき勤労者への搾取をつよめ、海外市場への商品、資本のよりいっそうの進出をめざして、アメリカ帝国主義の原子戦争計画にわが国をむすびつけ、経済的には帝国主義的特徴をそなえつつ、軍国主義的帝国主義的復活のみちをすすんでいる。だが、日本独占資本の軍国主義的帝国主義的復活の前途は、戦前とまったくちがって、**社会主義諸国**と民族解放をかちとりつつある諸国が優勢である今日のアジアにおいては、重大な矛盾、困難に直面しないわけにはいかない。

一九六〇年に締結された新安保条約は、アメリカ帝国主義と日本独占資本の侵略的軍事同盟の条約であるとともに、いぜんとして対米従属の屈辱条約である。それは、対外侵略の武器であるとともに、日本人民を抑圧する武器である。またこの条約は、日本を日本人民の意思に反してアメリカ帝国主義のたくらむ侵略戦争にまきこむ危険をつよめた。それは、日米支配層にたいする日本人民の不満と闘争、**社会主義諸国**の平和政策、アジア諸国の民族独立運動などとの矛盾、米日独占資本間の矛盾、米日反動の支配の基礎の動揺などを、侵略的方向、反民族的反人民的方向で補強し打開しようとするものであった。

アメリカ帝国主義と日本独占資本は、自衛隊の増強と核武装化をすすめ、弾圧機構の拡充をおこない、憲法の平和的民主的諸条項をふみにじってつくられた再軍備と抑圧の既成事実を合法化し、さらに、その方向をつよめるために憲法改悪をくわだて、軍国主義の復活と政治的反動をつよめている。そして、アメリカの全面占領の時間からひきつがれた弾圧法規、さらにあたらしい弾圧政策をもって、労働者階級をはじめとする人民大衆の進歩のためのたたかいを抑圧しており、軍国主義団体や売国的反動的暴力団体をはびこらせている。さらに思想、文化、教育の面にも攻撃をつよめている。

しかし、かれらの反動支配は解決しがたい多くの矛盾をもっている。国際民主勢力と連帯した労働者階級を先頭とする人民の運動と組織は、民主主義的権利を武器として、歴史的な安保反対闘争をはじめとする諸闘争をつうじてアメリカ帝国主義と日本独占資本に大きな打撃をあたえて前進し、強力な力に成長してきている。

第二次世界大戦後、国際情勢は根本的にかわった。社会主義が一国のわくをこえて、一つの世界体制となり、資本主義諸国の労働者運動はますます発展し、アジア、アフリカ、ラテンアメリカなどで植民地体制の崩壊が急速に進行し、帝国主義の支配を足もとからゆるがしている。資本主義の全般的危機はふかまり、資本主義世界体制は衰退と腐朽の深刻な過程にある。社会主義の世界体制、国際労働者階級、帝国主義に反対する勢力、社会の社会主義的変革のためにたたかっている勢力は、今日の時代における世界史の発展のおもな内容、方向、特徴を決定する原動力となっている。**社会主義世界体制は人類社会発展の決定的要因**になりつつある。**世界史の発展方向として帝国主義の滅亡と社会主義の勝利は不可避**である。

世界史の発展にさからう帝国主義陣営の内部では、アメリカ帝国主義は、軍事ブロックと経済「援助」をおもな手段にして、発達した資本主義国の主権をさえ侵害している。多くの国の独占ブルジョアジーは、成長し団結しつつある進歩勢力に自力だけでは対抗できなくなり、アメリカ帝国主義の力をかりるため自国の主権を犠牲にしている。資本主義の不均等発展により帝国主義陣営内部の矛盾はつよまっているが、帝国主義と反動の国際勢力は協力して社会主義陣営とたたかい、民族解放運動、民主運動、革命運動を抑圧するため、アメリカ帝国主義を盟主とする軍事的政治的同盟に結集している。こうしてアメリカ帝国主義は、世界における侵略と反動の主柱、最大の国際的搾取者、国際的憲兵、世界各国人民の共通の敵となっている。

帝国主義の侵略的本質はかわらず、帝国主義のたくらむ戦争の危険はいぜんとして人類をおびやかしている。これにたいして、**社会主義陣営は、民族独立を達成した諸国、中立諸国とともに世界人口の半分以上をしめる平和地域を形成**し、平和と民族解放と社会進歩の全勢力と提携して、侵略戦争の防止と異なる社会体制をもつ諸国家の平和共存のために断固としてたたかっている。**世界的規模では帝国主義勢力にたいする社会主義勢力の優位、戦争勢力にたいする平和勢力の優位がますますあきらかに**なっている。反帝平和の勢力が不断の警戒心をたかめ、団結してたたかうならば、戦争を防止する可能性がある。こうして、帝国主義がたくらむ国家間の戦争はさけることができないものではなくなり、平和共存は世界の広範な人民によって支持されるようになった。

このような国際情勢のもとで、ヨーロッパにおける西ドイツとともに、アジアにおいて日本は、アメリカ帝国主義の侵略と民族的抑圧と反動のもっとも重要な拠点となっている。侵略的な日米軍事同盟は、日本の自主的平和的発展をさまたげているだけではなく、アジアの平和をおびやかしている。日本の労働者階級と勤労人民が自国の解放闘争を積極的におしすすめることは、帝国主義に反対する国際統一戦線の重要な一翼をになってアジアと世界の平和と進歩に大きな貢献をするものである。日本人民の解放闘争を勝利させることは、わが党と労働者階級の日本人民にたいする責務であるとともに国際的な責務でもある。そして、現在の国際情勢の発展方向は、日本人民がこのような責務をはたすうえで、大きなはげましとなっている。

（三）以上の全体からでてくる展望として、現在、日本の当面する革命は、アメリカ帝国主義と日本の独占資本の支配――二つの敵に反対するあたらしい民主主義革命、人民の民主主義革命である。

労働者階級の歴史的使命である社会主義への道は、この道をとざしているアメリカ帝国主義と、日本の独占資本を中心とする勢力の反民族的な反人民的な支配を打破し、真の独立と政治・経済・社会の徹底的な民主主義的変革を達成する革命をつうじてこそ、確実にきりひらくことができる。

当面する党の中心任務は、アメリカ帝国主義と日本の独占資本を中心とする売国的反動勢力の戦争政策、民族的抑圧、軍国主義と帝国主義の復活、政治的反動、搾取と収奪に反対し、独立、民主主義、平和、中立、生活向上のための労働者、農民、漁民、勤労市民、知識人、婦人、青年、学生、中小企業家をふくむすべての人民の要求と闘争を発展させることである。そしてそのたたかいのなかで、アメリカ帝国主義と日本独占資本の支配に反対する人民の強力で広大な統一戦線、すなわち民族民主統一戦線をつくり、その基礎のうえに独立・民主・平和・中立の日本をきずく人民の政府、人民の民主主義権力を確立することである。

わが党の当面する行動綱領の基本はつぎのとおりである。

党は、安保条約をはじめいっさいの売国的条約・協定の破棄、沖縄・小笠原の日本への返還、全アメリカ軍の撤退と軍事基地の一掃のためにたたかう。党は、アメリカ帝国主義との侵略的軍事同盟から離脱し、いかなる軍事同盟にも参加せず、すべての国と友好関係をむすぶ日本の平和・中立化の政策を要求してたたかう。党は、サンフランシスコ「平和」条約の売国的条項の破棄をはじめ、サンフランシスコ体制を根本的に打破し、日本の真の独立のためにたたかう。党は、世界の平和と、社会制度の異なる諸国の平和共存をめざしてたたかう。**党は核兵器の禁止を要求し、全般的軍縮のためにたたかう。**党は、すべての国との国交を正常化し、経済・文化の交流を発展させ、日本人民と世界各国人民の友好親善関係をひろめるためにたたかう。党は、アメリカ帝国主義とわが国の売国的反動勢力が共同しておこなっている**社会主義諸国**とアジア・アフリカ諸民族への侵略戦争準備、原子戦争のいっさいの準備に反対する。

党は、平和、民主主義、社会主義のために努力している世界のすべての人民大衆と手をたずさえ、世界のあらゆる反帝国主義・反植民地主義運動と連帯してたたかう。

党は、「万国の労働者団結せよ」の精神にしたがって、プロレタリアートの国際的団結をつよめるために努力する。ソ連を先頭とする社会主義陣営、全世界の共産主義者、すべての人民大衆が人類の進歩のためにおこなっている闘争をあくまで支持する。

党は、日本人民の民主的権利をうばいさろうとするすべての反動的なくわだて、議会制度・地方制度・教育制度などの改悪に反対する。憲法改悪に反対し、憲法に保障された平和的民主的諸条項の完全実施を要求してたたかう。党は、自衛隊の増強と核武装など軍国主義の復活に反対し、自衛隊の解散を要求する。天皇主義的・軍国主義的思想を克服し、その復活とたたかう。売国的で反動的な暴力団体、軍国主義的団体の禁止と右翼テロの根絶を要求する。アメリカ帝国主義と日本の反動勢力が人民のうえにおしつけているいっさいの弾圧諸法令、弾圧諸機関を撤廃し、人民の民主的権利の拡大、諸制度の民主化のためにたたかう。

党は、社会の諸方面にのこっている半封建的なのこりものをなくすためにたたかう。

（中略）

（四）日本共産党は、以上の要求の実現をめざし、独立、民主主義、平和、中立、生活向上のためにたたかうなかで、労働組合、農民組合をはじめとする人民各階層の大衆的組織を確立し、ひろげ、つよめるとともに、反動的党派とたたかいながら民主党派、民主的な人びととの共同と団結をかため、民族民主統一戦線をつくりあげる。

アメリカ帝国主義と日本独占資本の支配に反対するこの民族民主統一戦線は、労働者階級の指導のもとに、労働者、農民の同盟を基礎とし、そのまわりに勤労市民、知識人、婦人、青年、学生、中小企業家、平和と祖国を愛し民主主義をまもるすべての人びとを結集するものである。

当面のさしせまった任務にもとづく民主勢力と広範な人民の共同、団結の必要を、世界観や社会主義革命の方法についての意見の相違などを理由としてこばんだり、さまたげたりすることは、祖国と人民の解放の根本的な利益をそこなうものである。

党はすべての民主党派や無党派の勤労者を**階級的には兄弟**と考えており、これらの人びとにむかって心から団結をよびかけ、そのために力をつくすものである。それは同時に、団結に反対し団結をやぶるいっさいの正しくない傾向とのたたかいを必要とする。

日米支配層の弾圧、破壊、分裂工作、反共主義をはじめ各種の思想攻撃などとたたかいながら遂行されるこの偉大な闘争で、党は人民大衆とかたくむすびつき、その先頭に立って先進的役割をはたさなければならない。そして、とくに**労働者階級をマルクス・レーニン主義とプロレタリア国際主義の思想でたかめ、わが国の民主革命の勝利と社会主義の最後の勝利を確信させ、その階級的戦闘性と政治的指導力をつよめる。**それとともに農民の多数を党の指導のもとに結集して、民族民主統一戦線の基礎をなす労働者、農民の階級的同盟を確立しなければならない。民族民主統一戦線の発展において、決定的に重要な条件は、わが党を拡大強化し、その政治的指導力をつよめ、強大な大衆的前衛党を建設することである。

この闘争において党と労働者階級の指導する民族民主統一戦線勢力が積極的に国会の議席をしめ、国会外の大衆闘争とむすびついてたたかうことは、重要である。**国会で安定した過半数をしめることができるならば、国会を反動支配の道具から人民に奉仕する道具にかえ、革命の条件をさらに有利にすることができる。**

党は、人民を民族民主統一戦線に結集し、その基礎のうえに政府をつくるために奮闘する。この政府をつくる過程で、党はアメリカ帝国主義と日本独占資本の利益を代表する政府の打倒のために一貫してたたかうが、かれらの支配を打破していくのに役立つ政府の問題に十分な注意と必要な努力をはらう。そして、一定の条件があるならば、民主勢力がさしあたって一致できる目標の範囲でも、統一戦線政府をつくるためにたたかい、**民族民主統一戦線政府の樹立を促進**するために努力する。

民族民主統一戦線のうえにたつ政府をつくるこ

とは、アメリカ帝国主義と日本反動勢力のあらゆる妨害に抗しての闘争である。この政府が革命の政府となるかどうかは、それをささえる民族民主統一戦線の力の成長の程度にかかっている。民族民主統一戦線政府を革命権力につよめる土台は、当面するこの人民の民主主義革命の目標と任務にむかっての、民主勢力の広範な統一と大衆闘争の前進であり、それが発展すればするほど、アメリカ帝国主義と日本反動勢力をより孤立においやり、かれらの妨害をふせぎ、これを失敗させることが可能となる。

党と労働者階級の指導的役割が十分に発揮されて、アメリカ帝国主義と日本独占資本に反対する強大な民族民主統一戦線が発展し、反民族的・反人民的勢力を敗北させるならば、そのうえにたつ民族民主統一戦線政府は**革命の政府**となり、わが国の独占資本を中心とする売国的反動支配をたおし、わが国からアメリカ帝国主義をおいはらって、主権を回復し人民の手に権力をにぎることができる。**労働者、農民を中心とする人民の民主連合独裁の性格をもつこの権力**は、世界の平和、民主主義、社会主義の勢力と連帯して独立と民主主義の任務をなしとげ、独占資本の政治的経済的支配の復活を阻止し、君主制を廃止し、反動的国家機構を根本的に変革して**人民共和国をつくり**、名実ともに国会を国の最高機関とする人民の民主主義国家体制を確立する。

独立・民主・平和日本の建設によって、日本人民の歴史は根本的に転換する。日本人民は、アメリカ帝国主義と日本独占資本の抑圧、戦争政策、収奪から解放され、はじめて国の主人となる。あたらしい人民の民主主義とその制度は、労働者階級をはじめ農民、一般勤労者、祖国の自主的発展と平和、人民の自由をねがうすべての人びとが、国の政治に積極的に参加する道を保障する。民族の威信と自由は回復され、日本は侵略戦争の温床であることをやめ、アジアと世界の平和の強固ないしずえの一つとなる。日本の経済と文化は、各国との平等・互恵の交流をつうじて繁栄し、人民の生活は向上する。

独占資本主義の段階にあるわが国の当面の革命はそれ自体社会主義的変革への移行の基礎をきりひらく任務をもつものであり、それは、資本主義制度の全体的な廃止をめざす社会主義的変革に急速にひきつづき発展させなくてはならない。すなわちそれは、独立と民主主義の任務を中心とする革命から連続的に**社会主義革命に発展する必然性**をもっている。

（五）**日本人民の真の自由と幸福は、社会主義の建設をつうじてのみ実現される。**資本主義制度にもとづくいっさいの搾取からの解放、まずしさからの最後的な解放を保障するものは、労働者階級の権力、すなわち**プロレタリアート独裁の確立、生産手段の社会化**、生産力のゆたかな発展をもたらす**社会主義的な計画経済**である。党は、社会主義建設の方向を支持するすべての党派や人びとと協力し、勤労農民および都市勤労市民、中小企業家にたいしては、その利益を尊重しつつ納得をつうじてかれらを社会主義社会へみちびくように努力する。

社会主義社会は共産主義社会の第一段階である。この段階においては人による人のいっさいの搾取が根絶され、階級による社会の分裂はおわる。この**社会主義日本では「各人は能力におうじてはた**

らき、労働におうじて報酬をうける」原則が実現され、これまでになくたかい物質的繁栄と精神的開花、ひろい人民のための民主主義が保障される。共産主義のたたかい段階では、生産力のすばらしい発展と社会生活のあたらしい内容がうちたてられるとともに、**人間の知的労働と肉体労働の差別が消えさる**だけでなく、「各人は能力におうじてはたらき、必要におうじて生産物をうけとる」ことができるだろう。組織的、かつ系統的な暴力、一般に人間にたいするあらゆる暴力は廃絶される。こうして、原則として**いっさいの強制のない、国家権力そのものが不必要になる共産主義社会、真に平等で自由な人間関係の社会が生まれる。**日本共産党は、このような社会の建設をめざして、当面アメリカ帝国主義と日本独占資本の支配と徹底的にたたかい、真の独立と民主主義を達成する人民革命の勝利のためにたたかうものである。

二〇〇四年綱領（不破綱領）

第二三回党大会で抜本改定

〔二〇〇四年一月一七日〕

※本文アミ部分は二〇二〇年に削除

一、戦前の日本社会と日本共産党

（一）日本共産党は、わが国の進歩と変革の伝統を受けつぎ、日本と世界の人民の解放闘争の高まりのなかで、一九二二年七月一五日、**科学的社会主義を理論的な基礎とする政党**として、創立された。

当時の日本は、世界の主要な独占資本主義国の一つになってはいたが、国を統治する全権限を天皇が握る専制政治（絶対主義的天皇制）がしかれ、国民から権利と自由を奪うとともに、農村では重い小作料で耕作農民をしめつける半封建的な地主制度が支配し、独占資本主義も労働者の無権利と過酷な搾取を特徴としていた。この体制のもと、日本は、アジアで唯一の帝国主義国として、アジア諸国にたいする侵略と戦争の道を進んでいた。

党は、この状況を打破して、まず平和で民主的な日本をつくりあげる民主主義革命を実現することを当面の任務とし、ついで社会主義革命に進むという方針のもとに活動した。

（中略）

二、現在の日本社会の特質

（中略）

三、世界情勢――二〇世紀から二一世紀へ

（七）略

（八）**資本主義が世界を支配する唯一の体制とされた時代は、一九一七年にロシアで起こった十月社会主義革命を画期として、過去のものとなった。**第二次世界大戦後には、アジア、東ヨーロッパ、ラテンアメリカの一連の国ぐにが、資本主義からの離脱の道に踏み出した。

最初に社会主義への道に踏み出したソ連では、レーニンが指導した最初の段階においては、おくれた社会経済状態からの出発という制約にもかかわらず、

わらず、また、少なくない試行錯誤をともないながら、真剣に社会主義をめざす一連の積極的努力が記録された。しかし、**レーニン死後、スターリンをはじめとする歴代指導部は、社会主義の原則を投げ捨てて、対外的には、他民族への侵略と抑圧という覇権主義の道、国内的には、国民から自由と民主主義を奪い、勤労人民を抑圧する官僚主義・専制主義の道を進んだ。**「社会主義」の看板を掲げておこなわれただけに、これらの誤りが世界の平和と社会進歩の運動に与えた否定的影響は、とりわけ重大であった。

　日本共産党は、科学的社会主義を擁護する自主独立の党として、日本の平和と社会進歩の運動にたいするソ連覇権主義の干渉にたいしても、チェコスロバキアやアフガニスタンにたいするソ連の武力侵略にたいしても、断固としてたたかいぬいた。

　ソ連とそれに従属してきた東ヨーロッパ諸国で一九八九〜九一年に起こった支配体制の崩壊は、社会主義の失敗ではなく、社会主義の道から離れ去った覇権主義と官僚主義・専制主義の破産であった。これらの国ぐにでは、革命の出発点においては、社会主義をめざすという目標が掲げられたが、**指導部が誤った道を進んだ**結果、社会の実態としては、**社会主義とは無縁な人間抑圧型の社会**として、その解体を迎えた。

　ソ連覇権主義という歴史的な巨悪の崩壊は、大局的な視野で見れば、世界の革命運動の健全な発展への新しい可能性を開く意義をもった。

　今日、重要なことは、資本主義から離脱したいくつかの国ぐにで、政治上・経済上の未解決の問題を残しながらも、「市場経済を通じて社会主義へ」という取り組みなど、**社会主義をめざす新しい探究が開始され、人口が一三億を超える大きな地域での発展として、二一世紀の世界史の重要な流れの一つとなろうとしている**ことである。

（九）**ソ連などの解体は、資本主義の優位性を示すものとはならなかった。**巨大に発達した生産力を制御できないという資本主義の矛盾は、現在、広範な人民諸階層の状態の悪化、貧富の格差の拡大、くりかえす不況と大量失業、国境を越えた金融投機の横行、環境条件の地球的規模での破壊、植民地支配の負の遺産の重大さ、アジア・中東・アフリカ・ラテンアメリカの多くの国ぐにでの貧困の増大（南北問題）など、かつてない大きな規模と鋭さをもって現われている。

核戦争の危険もひきつづき地球と人類を脅かしている。米ソの軍拡競争のなかで蓄積された膨大な量の核兵器は、いまなお人類の存続にとっての重大な脅威である。核戦争の脅威を根絶するためには、核兵器の廃絶にかわる解決策はない。「ノー・モア・ヒロシマ、ナガサキ（広島・長崎をくりかえすな）」という原水爆禁止世界大会の声は、世界の各地に広がり、国際政治のうえでも、核兵器廃絶の声はますます大きくなっているが、核兵器を世界戦略の武器としてその独占体制を強化し続ける核兵器固執勢力のたくらみは根づよい。

世界のさまざまな地域での軍事ブロック体制の強化や、各種の紛争で武力解決を優先させようとする企ては、緊張を激化させ、平和を脅かす要因となっている。

なかでも、アメリカが、アメリカ一国の利益を世界平和の利益と国際秩序の上に置き、国連をも無視して他国にたいする先制攻撃戦争を実行し、新しい植民地主義を持ち込もうとしていることは、重大である。アメリカは、「世界の警察官」と自認することによって、アメリカ中心の国際秩序と世界支配をめざすその野望を正当化しようとしているが、それは、独占資本主義に特有の帝国主義的侵略性を、ソ連の解体によってアメリカが世界の唯一の超大国となった状況のもとで、むきだしに現わしたものにほかならない。これらの政策と行動は、諸国民の独立と自由の原則とも、国連憲章の諸原則とも両立できない、あからさまな覇権主義、帝国主義の政策と行動である。

いま、アメリカ帝国主義は、世界の平和と安全、諸国民の主権と独立にとって最大の脅威となっている。

その覇権主義、帝国主義の政策と行動は、アメリカと他の独占資本主義諸国とのあいだにも矛盾や対立を引き起こしている。また、経済の「グローバル化」を名目に世界の各国をアメリカ中心の経済秩序に組み込もうとする経済的覇権主義も、世界の経済に重大な混乱をもたらしている。

（一〇）この情勢のなかで、いかなる覇権主義にも反対し、平和の国際秩序を守る闘争、核兵器の廃絶をめざす闘争、軍事ブロックに反対する闘争、諸民族の自決権を徹底して尊重しその侵害を許さない闘争、各国の経済主権の尊重のうえに立った民主的な国際経済秩序を確立するための闘争が、いよいよ重大な意義をもってきている。

平和と進歩をめざす勢力が、それぞれの国でも、また国際的にも、正しい前進と連帯をはかることが重要である。

日本共産党は、労働者階級をはじめ、独立、平和、民主主義、社会進歩のためにたたかう世界のすべての人民と連帯し、人類の進歩のための闘争を支持する。

なかでも、国連憲章にもとづく平和の国際秩序か、アメリカが横暴をほしいままにする干渉と侵略、戦争と抑圧の国際秩序かの選択が、いま問われていることは、重大である。日本共産党は、アメリカの覇権主義的な世界支配を許さず、平和の国際秩序を築き、核兵器も軍事同盟もない世界を実現するための国際的連帯を、世界に広げるために力をつくす。

世界は、情勢のこのような発展のなかで、二一世紀を迎えた。世界史の進行には、多くの波乱や曲折、ときには一時的な、あるいはかなり長期にわたる逆行もあるが、帝国主義・資本主義を乗り越え、**社会主義に前進することは、大局的には歴史の不可避的な発展方向**である。

四、民主主義革命と民主連合政府

（一一）略

（一二）現在、日本社会が必要とする民主的改革の主要な内容は、次のとおりである。

〔国の独立・安全保障・外交の分野で〕

（中略）

――一般市民を犠牲にする無差別テロにも報復戦略にも反対し、**テロの根絶**のための国際的な世論と共同行動を発展させる。

（中略）

〔憲法と民主主義の分野で〕

（中略）

11　天皇条項については、「国政に関する権能を有しない」などの制限規定の厳格な実施を重視し、天皇の政治利用をはじめ、憲法の条項と精神からの逸脱を是正する。

党は、一人の個人が世襲で「国民統合」の象徴となるという現制度は、民主主義および人間の平等の原則と両立するものではなく、国民主権の原則の首尾一貫した展開のためには、民主共和制の政治体制の実現をはかるべきだとの立場に立つ。**天皇の制度は憲法上の制度であり、その存廃は、将来、情勢が熟したときに、国民の総意によって解決されるべきもの**である。

〔経済的民主主義の分野で〕

（中略）

五、社会主義・共産主義の社会をめざして

（一五）日本の社会発展の次の段階では、資本主義を乗り越え、社会主義・共産主義の社会への前進をはかる社会主義的変革が、課題となる。**これまでの世界では、資本主義時代の高度な経済的・社会的な達成を踏まえて、社会主義的変革に本格的に取り組んだ経験はなかった。発達した資本主義の国での社会主義・共産主義への前進をめざす取り組みは、二一世紀の新しい世界史的な課題である。**

社会主義的変革の中心は、主要な生産手段の所有・管理・運営を社会の手に移す**生産手段の社会化**である。社会化の対象となるのは生産手段だけで、生活手段については、この社会の発展のあらゆる段階を通じて、私有財産が保障される。

生産手段の社会化は、人間による人間の搾取を廃止し、すべての人間の生活を向上させ、社会から貧困をなくすとともに、労働時間の抜本的な短縮を可能にし、社会のすべての構成員の人間的発達を保障する土台をつくりだす。

生産手段の社会化は、生産と経済の推進力を資本の利潤追求から社会および社会の構成員の物質的精神的な生活の発展に移し、経済の計画的な運営によって、くりかえしの不況を取り除き、環境破壊や社会的格差の拡大などへの有効な規制を可能にする。

生産手段の社会化は、経済を利潤第一主義の狭い枠組みから解放することによって、人間社会を支える物質的生産力の新たな飛躍的な発展の条件をつくりだす。

社会主義・共産主義の日本では、民主主義と自由の成果をはじめ、資本主義時代の価値ある成果のすべてが、受けつがれ、いっそう発展させられる。「搾取の自由」は制限され、改革の前進のなかで廃止をめざす。搾取の廃止によって、人間が、ほんとうの意味で、社会の主人公となる道が開かれ、「国民が主人公」という民主主義の理念は、政治・経済・文化・社会の全体にわたって、社会的な現実となる。

さまざまな思想・信条の自由、反対政党を含む政治活動の自由は厳格に保障される。「社会主義」の名のもとに、特定の政党に「指導」政党としての特権を与えたり、特定の世界観を「国定の哲学」と意義づけたりすることは、日本における社会主義の道とは無縁であり、きびしくしりぞけられる。

社会主義・共産主義の社会がさらに高度な発展をとげ、搾取や抑圧を知らない世代が多数を占めるようになったとき、原則としていっさいの強制のない、**国家権力そのものが不必要になる社会**、人間による人間の搾取もなく、抑圧も戦争もない、真に平等で自由な人間関係からなる共同社会への本格的な展望が開かれる。

人類は、こうして、本当の意味で人間的な生存と生活の諸条件をかちとり、**人類史の新しい発展段階に足を踏み出す**ことになる。

（一六）社会主義的変革は、短期間に一挙におこなわれるものではなく、国民の合意のもと、一歩一歩の段階的な前進を必要とする長期の過程である。

その出発点となるのは、社会主義・共産主義への前進を支持する国民多数の合意の形成であり、国会の安定した過半数を基礎として、社会主義をめざす権力がつくられることである。そのすべての段階で、国民の合意が前提となる。

日本共産党は、社会主義への前進の方向を支持するすべての党派や人びとと協力する統一戦線政策を堅持し、勤労市民、農漁民、中小企業家にたいしては、その利益を尊重しつつ、社会の多数の人びとの納得と支持を基礎に、社会主義的改革の道を進むよう努力する。

日本における社会主義への道は、多くの新しい諸問題を、日本国民の英知と創意によって解決しながら進む新たな挑戦と開拓の過程となる。日本共産党は、そのなかで、次の諸点にとくに注意を向け、その立場をまもりぬく。

（1）生産手段の社会化は、その所有・管理・運営が、情勢と条件に応じて多様な形態をとりうるものであり、日本社会にふさわしい独自の形態の探究が重要であるが、生産者が主役という社会主義の原則を踏みはずしてはならない。「国有化」や「集団化」の看板で、生産者を抑圧する官僚専制の体制をつくりあげた旧ソ連の誤りは、絶対に再現させてはならない。

（2）市場経済を通じて社会主義に進むことは、

日本の条件にかなった社会主義の法則的な発展方向である。社会主義的改革の推進にあたっては、計画性と市場経済とを結合させた弾力的で効率的な経済運営、農漁業・中小商工業など私的な発意の尊重などの努力と探究が重要である。国民の消費生活を統制したり画一化したりするいわゆる「統制経済」は、社会主義・共産主義の日本の経済生活では全面的に否定される。

（一七）社会主義・共産主義への前進の方向を探究することは、日本だけの問題ではない。

二一世紀の世界は、発達した資本主義諸国での経済的・政治的矛盾と人民の運動のなかからも、資本主義から離脱した国ぐにでの社会主義への独自の道を探究する努力のなかからも、政治的独立をかちとりながら資本主義の枠内では経済的発展の前途を開きえないでいるアジア・中東・アフリカ・ラテンアメリカの広範な国ぐにの人民の運動のなかからも、資本主義を乗り越えて新しい社会をめざす流れが成長し発展することを、大きな時代的特徴としている。

日本共産党は、それぞれの段階で日本社会が必要とする変革の諸課題の遂行に努力をそそぎながら、二一世紀を、搾取も抑圧もない共同社会の建設に向かう人類史的な前進の世紀とすることをめざして、力をつくすものである。

二〇二〇年改定綱領（志位綱領）

第二八回党大会で改定

〔二〇二〇年一月一八日〕

※本文アミ部分は新たな加筆部分

一、戦前の日本社会と日本共産党　略

二、現在の日本社会の特質　略

三、二一世紀の世界

（七）二〇世紀は、独占資本主義、帝国主義の世界支配をもって始まった。この世紀のあいだに、人類社会は、二回の世界大戦、ファシズムと軍国主義、一連の侵略戦争など、世界的な惨禍を経験したが、諸国民の努力と苦闘を通じて、それらを乗り越え、人類史の上でも画期をなす巨大な変化が進行した。

多くの民族を抑圧の鎖のもとにおいた植民地体制は完全に崩壊し、民族の自決権は公認の世界的な原理という地位を獲得し、百を超える国ぐにが新たに政治的独立をかちとって主権国家となった。これらの国ぐにを主要な構成国とする非同盟諸国会議は、国際政治の舞台で、平和と民族自決の世界をめざす重要な力となっている。

国民主権の民主主義の流れは、世界の大多数の国ぐにで政治の原則となり、世界政治の主流となりつつある。人権の問題では、自由権とともに、社会権の豊かな発展のもとで、国際的な人権保障の基準がつくられてきた。人権を擁護し発展させることは国際的な課題となっている。

国際連合の設立とともに、戦争の違法化が世界史の発展方向として明確にされ、戦争を未然に防止する平和の国際秩序の建設が世界的な目標として提起された。二〇世紀の諸経験、なかでも侵略戦争やその企てとのたたかいを通じて、平和の国際秩序を現実に確立することが、世界諸国民のいよいよ緊急切実な課題となりつつある。

これらの巨大な変化のなかでも、植民地体制の崩壊は最大の変化であり、それは世界の構造を大きく変え、民主主義と人権、平和の国際秩序の発展を促進した。

（八）一九一七年にロシアで十月社会主義革命が起こり、第二次世界大戦後には、アジア、東ヨーロッパ、ラテンアメリカの一連の国ぐにが、資本主義からの離脱の道に踏み出した。

最初に社会主義への道に踏み出したソ連では、レーニンが指導した最初の段階においては、おくれた社会経済状態からの出発という制約にもかかわらず、また、少なくない試行錯誤をともないながら、真剣に社会主義をめざす一連の積極的努力が記録された。とりわけ民族自決権の完全な承認を対外政策の根本にすえたことは、世界の植民地体制の崩壊を促すものとなった。

しかし、レーニン死後、スターリンをはじめとする歴代指導部は、社会主義の原則を投げ捨てて、対外的には、他民族への侵略と抑圧という覇権主義の道、国内的には、国民から自由と民主主義を奪い、勤労人民を抑圧する官僚主義・専制主義の道を進んだ。「社会主義」の看板を掲げておこなわれただけに、これらの誤りが世界の平和と社会進歩の運動に与えた否定的影響は、とりわけ重大であった。

日本共産党は、科学的社会主義を擁護する自主独立の党として、日本の平和と社会進歩の運動にたいするソ連覇権主義の干渉にたいしても、チェコスロバキアやアフガニスタンにたいするソ連の武力侵略にたいしても、断固としてたたかいぬいた。

ソ連とそれに従属してきた東ヨーロッパ諸国で一九八九〜九一年に起こった支配体制の崩壊は、社会主義の失敗ではなく、社会主義の道から離れ去った覇権主義と官僚主義・専制主義の破産であった。これらの国ぐにでは、革命の出発点においては、社会主義をめざすという目標が掲げられたが、指導部が誤った道を進んだ結果、社会の実態としては、社会主義とは無縁な人間抑圧型の社会として、その解体を迎えた。

ソ連覇権主義という歴史的な巨悪の崩壊は、大局的な視野で見れば、世界の平和と社会進歩の流れを発展させる新たな契機となった。それは、世界の革命運動の健全な発展への新しい可能性を開く意義をもった。

（九）植民地体制の崩壊と百を超える主権国家の誕生という、二〇世紀に起こった世界の構造変化は、二一世紀の今日、平和と社会進歩を促進する生きた力を発揮しはじめている。

一握りの大国が世界政治を思いのままに動かしていた時代は終わり、世界のすべての国ぐにが、対等・平等の資格で、世界政治の主人公になる新しい時代が開かれつつある。諸政府とともに市民社会が、国際政治の構成員として大きな役割を果たしていることは、新しい特徴である。

「ノーモア・ヒロシマ、ナガサキ（広島・長崎をくりかえすな）」という被爆者の声、核兵器廃絶を求める世界と日本の声は、国際政治を大きく動かし、**人類史上初めて核兵器を違法化する核兵器禁止条約が成立**した。核兵器を軍事戦略の柱にすえて独占体制を強化し続ける核兵器固執勢力のたくらみは根づよいが、この逆流は、「核兵器のない世界」をめざす諸政府、市民社会によって、追い詰められ、孤立しつつある。

東南アジアやラテンアメリカで、平和の地域協力の流れが形成され、困難や曲折をへながらも発展している。これらの地域が、紛争の平和的解決をはかり、大国の支配に反対して自主性を貫き、非核地帯条約を結び核兵器廃絶の世界的な源泉になっていることは、注目される。とくに、東南アジア諸国連合（ＡＳＥＡＮ）が、紛争の平和的解決を掲げた条約を土台に、平和の地域共同体をつくりあげ、この流れをアジア・太平洋地域に広げていることは、世界の平和秩序への貢献となっている。

二〇世紀中頃につくられた国際的な人権保障の基準を土台に、女性、子ども、障害者、少数者、移住労働者、先住民などへの差別をなくし、その尊厳を保障する国際規範が発展している。**ジェンダー平等を求める国際的潮流が大きく発展**し、経済的・社会的差別をなくすこととともに、**女性にたいするあらゆる形態の暴力を撤廃することが国際社会の課題**となっている。

（一〇）巨大に発達した生産力を制御できないという資本主義の矛盾は、現在、広範な人民諸階層の状態の悪化、貧富の格差の拡大、くりかえす不況と大量失業、国境を越えた金融投機の横行、環境条件の地球的規模での破壊、植民地支配の負の遺産の重大さ、アジア・中東・アフリカ・ラテンアメリカの国ぐにでの貧困など、かつてない大きな規模と鋭さをもって現われている。

とりわけ、貧富の格差の世界的規模での空前の拡大、地球的規模でさまざまな災厄をもたらしつつある**気候変動**は、資本主義体制が二一世紀に生き残る資格を問う問題となっており、その是正・抑制を求める諸国民のたたかいは、人類の未来にとって死活的意義をもつ。

世界のさまざまな地域での軍事同盟体制の強化や、各種の紛争で武力解決を優先させようとする企て、**国際テロリズムの横行**、排外主義の台頭などは、緊張を激化させ、平和を脅かす要因となっている。

なかでも、アメリカが、アメリカ一国の利益を世界平和の利益と国際秩序の上に置き、国連をも無視して他国にたいする先制攻撃戦略をもち、それを実行するなど、軍事的覇権主義に固執していることは、重大である。アメリカは、地球的規模で軍事基地をはりめぐらし、世界のどこにたいしても介入、攻撃する態勢を取り続けている。そこには、独占資本主義に特有の帝国主義的侵略性が、むきだしの形で現われている。これらの政策と行動は、諸国民の独立と自由の原則とも、国連憲章の諸原則とも両立できない、あからさまな覇権主義、帝国主義の政策と行動である。

いま、アメリカ帝国主義は、世界の平和と安全、諸国民の主権と独立にとって最大の脅威となっている。

その覇権主義、帝国主義の政策と行動は、アメリカと他の独占資本主義諸国とのあいだにも矛盾や対立を引き起こしている。また、経済の「グローバル化」を名目に世界の各国をアメリカ中心の経済秩序に組み込もうとする経済的覇権主義も、世界の経済に重大な混乱をもたらしている。

軍事的覇権主義を本質としつつも、世界の構造変化のもとで、アメリカの行動に、国際問題を外交交渉によって解決するという側面が現われていることは、注目すべきである。

いくつかの大国で強まっている大国主義・覇権主義は、世界の平和と進歩への逆流となっている。アメリカと他の台頭する大国との覇権争いが激化し、世界と地域に新たな緊張をつくりだしていることは、重大である。

（一二）この情勢のなかで、いかなる覇権主義にも反対し、平和の国際秩序を守る闘争、核兵器の廃絶をめざす闘争、軍事同盟に反対する闘争、諸民族の自決権を徹底して尊重しその侵害を許さない闘争、民主主義と人権を擁護し発展させる闘争、各国の経済主権の尊重のうえに立った民主的な国際経済秩序を確立するための闘争、気候変動を抑制し地球環境を守る闘争が、いよいよ重大な意義をもってきている。

平和と進歩をめざす勢力が、それぞれの国でも、また国際的にも、正しい前進と連帯をはかることが重要である。

日本共産党は、労働者階級をはじめ、独立、平和、民主主義、社会進歩のためにたたかう世界のすべての人民と連帯し、人類の進歩のための闘争を支持する。

なかでも、国連憲章にもとづく平和の国際秩序か、独立と主権を侵害する覇権主義的な国際秩序かの選択が、問われている。日本共産党は、どんな国であれ覇権主義的な干渉、戦争、抑圧、支配を許さず、平和の国際秩序を築き、核兵器のない世界、軍事同盟のない世界を実現するための国際的連帯を、世界に広げるために力をつくす。

世界史の進行には、多くの波乱や曲折、ときには一時的な、あるいはかなり長期にわたる逆行もあるが、帝国主義・資本主義を乗り越え、社会主義に前進することは、大局的には歴史の不可避的な発展方向である。

四、民主主義革命と民主連合政府

（一二）現在、日本社会が必要としている変革は、社会主義革命ではなく、異常な対米従属と大企業・財界の横暴な支配の打破――日本の真の独立の確保と政治・経済・社会の民主主義的な改革の実現を内容とする民主主義革命である。それらは、資本主義の枠内で可能な民主的改革であるが、日本の独占資本主義と対米従属の体制を代表する勢力から、日本国民の利益を代表する勢力の手に国の権力を移すことによってこそ、その本格的な実現に進むことができる。この民主的改革を達成することは、当面する国民的な苦難を解決し、国民大多数の根本的な利益にこたえる独立・民主・平和の日本に道を開くものである。

（一三）現在、日本社会が必要とする民主的改革の主要な内容は、次のとおりである。

〔国の独立・安全保障・外交の分野で〕

1　日米安保条約を、条約第十条の手続き（アメリカ政府への通告）によって廃棄し、アメリカ軍とその軍事基地を撤退させる。対等平等の立場にもとづく日米友好条約を結ぶ。

経済面でも、アメリカによる不当な介入を許さず、金融・為替・貿易を含むあらゆる分野で自主性を確立する。

2　主権回復後の日本は、いかなる軍事同盟にも参加せず、すべての国と友好関係を結ぶ平和・中立・非同盟の道を進み、非同盟諸国会議に参加する。

3　自衛隊については、海外派兵立法をやめ、軍縮の措置をとる。安保条約廃棄後のアジア情勢の新しい展開を踏まえつつ、国民の合意での憲法第九条の完全実施（自衛隊の解消）に向かっての前進をはかる。

4　新しい日本は、次の基本点にたって、平和外交を展開する。

――日本が過去におこなった侵略戦争と植民地支配の反省を踏まえ、アジア諸国との友好・交流を重視する。紛争の平和的解決を原則とした平和の地域協力の枠組みを北東アジアに築く。

――国連憲章に規定された平和の国際秩序を擁護し、この秩序を侵犯・破壊するいかなる覇権主義的な企てにも反対する。

――人類の死活にかかわる核戦争の防止と**核兵器の廃絶**、各国人民の民族自決権の擁護、全般的軍縮とすべての軍事同盟の解体、外国軍事基地の撤去をめざす。

――**一般市民を犠牲にする無差別テロにも報復戦争にも反対し、テロの根絶のための国際的な世論と共同行動を発展させる。**

――日本の歴史的領土である千島列島と歯舞群島・色丹島の返還をめざす。

――多国籍企業の無責任な活動を規制し、地球環境を保護するとともに、一部の大国の経済的覇権主義をおさえ、すべての国の経済主権の尊重および平等・公平を基礎とする民主的な国際経済秩序の確立をめざす。

――紛争の平和解決、災害、難民、貧困、飢餓などの人道問題にたいして、非軍事的な手段による国際的な支援活動を積極的におこなう。

――社会制度の異なる諸国の平和共存および異なる価値観をもった諸文明間の対話と共存の関係の確立に力をつくす。

〔憲法と民主主義の分野で〕

1　**現行憲法の前文をふくむ全条項をまもり、とくに平和的民主的諸条項の完全実施をめざす。**

2　国会を名実ともに最高機関とする議会制民主主義の体制、反対党を含む複数政党制、選挙で多数を得た政党または政党連合が政権を担当する政権交代制は、当然堅持する。

3　選挙制度、行政機構、司法制度などは、憲法の主権在民と平和の精神にたって、改革を進める。

4　地方政治では「住民が主人公」を貫き、住民の利益への奉仕を最優先の課題とする地方自治を確立する。

5　国民の基本的人権を制限・抑圧するあらゆる企てを排除し、社会的経済的諸条件の変化に対応する人権の充実をはかる。労働基本権を全面的に擁護する。企業の内部を含め、社会生活の各分野で、思想・信条の違いによる差別を一掃する。

6　**ジェンダー平等社会をつくる。**男女の平等、同権をあらゆる分野で擁護し、保障する。女性の独立した人格を尊重し、女性の社会的、法的な地位を高める。女性の社会的進出・貢献を妨げている障害を取り除く。**性的指向と性自認を**

理由とする差別をなくす。

7　教育では、憲法の平和と民主主義の理念を生かした教育制度・行政の改革をおこない、各段階での教育諸条件の向上と教育内容の充実につとめる。

8　文化各分野の積極的な伝統を受けつぎ、科学、技術、文化、芸術、スポーツなどの多面的な発展をはかる。学問・研究と文化活動の自由をまもる。

9　信教の自由を擁護し、政教分離の原則の徹底をはかる。

10　汚職・腐敗・利権の政治を根絶するために、企業・団体献金を禁止する。

11　天皇条項については、「国政に関する権能を有しない」などの制限規定の厳格な実施を重視し、天皇の政治利用をはじめ、憲法の条項と精神からの逸脱を是正する。

党は、一人の個人が世襲で「国民統合」の象徴となるという現制度は、民主主義および人間の平等の原則と両立するものではなく、国民主権の原則の首尾一貫した展開のためには、民主共和制の政治体制の実現をはかるべきだとの立場に立つ。天皇の制度は憲法上の制度であり、その存廃は、将来、情勢が熟したときに、国民の総意によって解決されるべきものである。

〔経済的民主主義の分野で〕

1　「ルールなき資本主義」の現状を打破し、労働者の長時間労働や一方的解雇の規制を含め、ヨーロッパの主要資本主義諸国や国際条約などの到達点も踏まえつつ、国民の生活と権利を守る「ルールある経済社会」をつくる。

2　大企業にたいする民主的規制を主な手段とし

て、その横暴な経済支配をおさえる。民主的規制を通じて、労働者や消費者、中小企業と地域経済、環境にたいする社会的責任を大企業に果たさせ、国民の生活と権利を守るルールづくりを促進するとともに、つりあいのとれた経済の発展をはかる。経済活動や軍事基地などによる環境破壊と公害に反対し、自然保護と環境保全のための規制措置を強化する。

3 食料自給率の向上、安全・安心な食料の確保、国土の保全など多面的機能を重視し、農林水産政策の根本的な転換をはかる。国の産業政策のなかで、農業を基幹的な生産部門として位置づける。

4 **原子力発電所は廃止し、核燃料サイクルから撤退し、「原発ゼロの日本」をつくる。**気候変動から人類の未来を守るため早期に「温室効果ガス排出量実質ゼロ」を実現する。環境とエネルギー自給率の引き上げを重視し、再生可能エネルギーへの抜本的転換をはかる。

5 国民各層の生活を支える基本的制度として、社会保障制度の総合的な充実と確立をはかる。子どもの健康と福祉、子育ての援助のための社会施設と措置の確立を重視する。日本社会として、少子化傾向の克服に力をそそぐ。

6 国の予算で、むだな大型公共事業をはじめ、大企業・大銀行本位の支出や軍事費を優先させている現状をあらため、国民のくらしと社会保障に重点をおいた財政・経済の運営をめざす。大企業・大資産家優遇の税制をあらため、負担能力に応じた負担という原則にたった税制と社会保障制度の確立をめざす。

7 すべての国ぐにとの平等・互恵の経済関係を

促進し、南北問題や地球環境問題など、世界的規模の問題の解決への積極的な貢献をはかる。

（一四）民主主義的な変革は、労働者、勤労市民、農漁民、中小企業家、知識人、女性、青年、学生など、独立、民主主義、平和、生活向上を求めるすべての人びとを結集した統一戦線によって、実現される。統一戦線は、反動的党派とたたかいながら、民主的党派、各分野の諸団体、民主的な人びととの共同と団結をかためることによってつくりあげられ、成長・発展する。当面のさしせまった任務にもとづく共同と団結は、世界観や歴史観、宗教的信条の違いをこえて、推進されなければならない。

日本共産党は、国民的な共同と団結をめざすこの運動で、先頭にたって推進する役割を果たさなければならない。日本共産党が、高い政治的、理論的な力量と、労働者をはじめ国民諸階層と広く深く結びついた強大な組織力をもって発展することは、統一戦線の発展のための決定的な条件となる。

日本共産党と統一戦線の勢力が、積極的に国会の議席を占め、国会外の運動と結びついてたたかうことは、国民の要求の実現にとっても、また変革の事業の前進にとっても、重要である。

日本共産党と統一戦線の勢力が、国民多数の支持を得て、国会で安定した過半数を占めるならば、統一戦線の政府・民主連合政府をつくることができる。日本共産党は、「国民が主人公」を一貫した信条として活動してきた政党として、国会の多数の支持を得て民主連合政府をつくるために奮闘する。

統一戦線の発展の過程では、民主的改革の内容の主要点のすべてではないが、いくつかの目標では一致し、その一致点にもとづく統一戦線の条件が生まれるという場合も起こりうる。党は、その場合でも、その共同が国民の利益にこたえ、現在の反動支配を打破してゆくのに役立つかぎり、さしあたって一致できる目標の範囲で統一戦線を形成し、統一戦線の政府をつくるために力をつくす。

また、全国各地で革新・民主の自治体を確立することは、その地方・地域の住民の要求実現の柱となると同時に、国政における民主的革新的な流れを前進させるうえでも、重要な力となる。

民主連合政府の樹立は、国民多数の支持にもとづき、独占資本主義と対米従属の体制を代表する支配勢力の妨害や抵抗を打ち破るたたかいを通じて達成できる。対日支配の存続に固執するアメリカの支配勢力の妨害の動きも、もちろん、軽視することはできない。

このたたかいは、政府の樹立をもって終わるものではない。引き続く前進のなかで、民主勢力の統一と国民的なたたかいを基礎に、統一戦線の政府が国の機構の全体を名実ともに掌握し、行政の諸機構が新しい国民的な諸政策の担い手となることが、重要な意義をもってくる。

民主連合政府は、労働者、勤労市民、農漁民、中小企業家、知識人、女性、青年、学生など国民諸階層・諸団体の民主連合に基盤をおき、日本の真の独立の回復と民主主義的変革を実行することによって、日本の新しい進路を開く任務をもった政権である。

（一五）民主主義的変革によって独立・民主・平和の日本が実現することは、日本国民の歴史の根本的な転換点となる。日本は、アメリカへの事実上の従属国の地位から抜け出し、日本国民は、真の主権を回復するとともに、国内的にも、はじめて国の主人公となる。民主的な改革によって、日本は、戦争や軍事的緊張の根源であることをやめ、アジアと世界の平和の強固な礎の一つに変わり、日本国民の活力を生かした政治的・経済的・文化的な新しい発展の道がひらかれる。日本の進路の民主的、平和的な転換は、アジアにおける平和秩序の形成の上でも大きな役割を担い、二一世紀におけるアジアと世界の情勢の発展にとって、重大な転換点の一つとなりうるものである。

五、社会主義・共産主義の社会をめざして

（中略）

（一八）これまでの世界では、資本主義時代の高度な経済的・社会的な達成を踏まえて、社会主義的変革に本格的に取り組んだ経験はなかった。発達した資本主義の国での社会主義・共産主義への前進をめざす取り組みは、二一世紀の新しい世界史的な課題である。

発達した資本主義国での社会主義的変革は、特別の困難性をもつとともに、豊かで壮大な可能性をもった事業である。この変革は、生産手段の社会化を土台に、資本主義のもとでつくりだされた高度な生産力、経済を社会的に規制・管理するしくみ、国民の生活と権利を守るルール、自由と民主主義の諸制度と国民のたたかいの歴史的経験、人間の豊かな個性などの成果を、継承し発展させることによって、実現される。発達した資本主義国での社会変革は、社会主義・共産主義への大道である。日本共産党が果たすべき役割は、世界的にもきわめて大きい。

日本共産党は、それぞれの段階で日本社会が必要とする変革の諸課題の遂行に努力をそそぎながら、二一世紀を、搾取も抑圧もない共同社会の建設に向かう人類史的な前進の世紀とすることをめざして、力をつくすものである。

主要参考文献

『回想　戦後主要左翼事件』　警察庁警備局　一九六七年
『戦後政治裁判史録②』　田中二郎・佐藤功・野村二郎編著　第一法規出版　一九八〇年
『日本共産党の戦後秘史』　兵本達吉　新潮文庫　二〇〇八年
『検証　大須事件の全貌』　宮地健一　御茶の水書房　二〇〇九年
『復刻　平和と独立　上巻』　社会運動資料センター監修　五月書房　一九九九年
『白鳥事件　偽りの冤罪』　渡部富哉　同時代社　二〇一二年
『亡命者　白鳥警部射殺事件の闇』　後藤篤志　筑摩書房　二〇一三年
『私記　白鳥事件』　大石進　日本評論社　二〇一四年
『白鳥事件』　追平雍嘉　日本週報社　一九五九年
『日本の黒い霧』　松本清張　文藝春秋新社　一九六二年
『小説白鳥事件　第一部～第四部』　山田清三郎　東邦出版社　一九六九～七一年
『白鳥事件』　山田清三郎　新風舎文庫　二〇〇五年
『波瀾萬丈　一弁護士の回想』　杉之原舜一　日本評論社　一九九一年
『流されて蜀の国へ』　川口孝夫　自費出版　一九九八年
『誤まった裁判』　上田誠吉・後藤昌次郎著　岩波新書　一九六〇年
『網走獄中記』　村上国治　日本青年出版社　一九七〇年
『戦後日本共産党史　党内闘争の歴史』　社会経済労働研究所・小山弘健　三月書房　一九五八年
『宮本顕治を裁く』　高知聰　創魂出版　一九六九年
『日本共産党粛清史』　高知聰　月刊ペン社　一九七三年

『日本共産党』　朝日新聞社編　朝日新聞社　一九七三年
『共産党取材三〇年』　鈴木卓郎　経済往来社　一九七六年
《『私の証言》日本共産党史』　日本出版センター編集部　日本出版センター　一九七〇年
『戦後日本共産党の二重帳簿』　亀山幸三　現代評論社　一九七八年
『戦後期左翼人士群像』　増山太助　つげ書房新社　二〇〇〇年
『検察研究特別資料・第一八号　メーデー騒擾事件の捜査について』　法務研修所　一九五五年
『メーデー事件裁判闘争史』「メーデー事件裁判闘争史」編集委員会編　白石書店　一九八二年
『日本共産党史を語る・上』　不破哲三　新日本出版社　二〇〇六年
『検察研究特別資料・第一三号　吹田・枚方事件について』　法務研修所　一九五四年
『朝鮮戦争と吹田・枚方事件　戦後史の空白を埋める』　脇田憲一　明石書店　二〇〇四年
『大阪で闘った朝鮮戦争　吹田枚方事件の青春群像』　西村秀樹　岩波書店　二〇〇四年
『朝鮮戦争に「参戦」した日本』　西村秀樹　三一書房　二〇一九年
『日共の武装闘争と在日朝鮮人』　安部桂司　論創社　二〇一九年
『検察研究特別資料・第一四号　大須騒擾事件について』　法務研修所　一九五四年
『大須事件の真実　写真が語る歴史への証言』　一九八〇年
『日本共産党の五十年』　日本共産党中央委員会　同出版局　一九七二年
『日本共産党の六十五年　党史年表』　日本共産党　新日本文庫　一九八九年
『日本共産党の七十年　党史年表』　日本共産党中央委員会　新日本出版社　一九九四年
『日本共産党の八十年』　日本共産党中央委員会　同出版局　二〇〇三年
『日本共産党五〇年問題資料文献集』　日本共産党中央委員会　新日本出版社　一九五七・八一年
『ARENA（アリーナ）第二一号』　中部大学編　風媒社　二〇一八年

『コミンテルンの世界像　世界政党の政治学的研究』　加藤哲郎　青木書店　一九九一年
『コミンテルン史　レーニンからスターリンへ』　ケヴィン・マクダーマットほか　大月書店　一九九八年
『社会運動の昭和史』　加藤哲郎・井上學・伊藤晃編　白順社　二〇〇六年
『秘密資金の戦後政党史』　名越健郎　新潮選書　二〇一九年
『日本共産党綱領集』　日本共産党中央委員会　一九六二年・七〇年
『報告集　日本共産党綱領』　不破哲三　日本共産党中央委員会出版局　二〇〇四年
『新・日本共産党綱領を読む』　不破哲三　新日本出版社　二〇〇四年
『綱領教室　第一巻〜第三巻』　志位和夫　新日本出版社　二〇一三年
『核兵器廃絶へのうねり　ドキュメント原水禁運動』　岩垂弘　連合出版　一九八二年
『三八度線の北』　寺尾五郎　新日本出版社　一九五九年
『拉致被害者と日本人妻を返せ　北朝鮮問題と日本共産党の罪』　稲山三夫　未来書房　二〇〇二年
『幻の祖国に旅立った人々　北朝鮮帰国事業の記録』　小島晴則編　高木書房　二〇一四年
『写真で綴る北朝鮮帰国事業の記録　帰国者九万三千余名　最後の別れ』　小島晴則編　高木書房　二〇一六年
『北朝鮮帰国事業の研究』　菊池嘉晃　明石書店　二〇二〇年
『沖縄の心　瀬長亀次郎回想録』　瀬長亀次郎　新日本出版社　一九九一年
『熱い太陽のもと　激動の島に生きる』　瀬長フミ　「瀬長フミ」自伝出版実行委員会　一九九六年
『瀬長フミと亀次郎　届かなかった獄中への手紙』　内村千尋編著　あけぼの出版　二〇〇五年
『戦後初期沖縄解放運動資料集　第一巻』　鳥山淳・国場幸太郎編　不二出版　二〇〇五年
『戦後初期沖縄解放運動資料集　第二巻』　加藤哲郎・国場幸太郎編　不二出版　二〇〇四年
『戦後初期沖縄解放運動資料集　第三巻』　森宣雄・国場幸太郎編　不二出版　二〇〇五年
『「島ぐるみ闘争」はどう準備されたか』　森宣雄・鳥山淳編著　不二出版　二〇一三年

『「米軍が恐れた不屈の男」瀬長亀次郎の生涯』佐古忠彦　講談社　二〇一八年
『沖縄の歩み』国場幸太郎　岩波現代文庫　二〇一九年
『徳田球一』杉森久英　文藝春秋新社　一九六四年
『首領　ドキュメント徳田球一』西野辰吉　ダイヤモンド社　一九七八年
『野坂参三のあゆんだ道』野坂参三資料編纂委員会編　新日本出版社　一九六四年
『風雪五十年　野坂参三略伝』日本共産党東京都委員会教宣部　東京民報社出版部　一九六五年
『闇の男　野坂参三の百年』小林峻一・加藤昭　文藝春秋　一九九三年
『モスクワで粛清された日本人』加藤哲郎　青木書店　一九九四年
『実録　野坂参三』近現代史研究会編著　マルジュ社　一九九七年
『野坂参三と宮本顕治　上・下』佐藤正　新生出版　二〇〇四年
『昨日の同志　宮本顕治へ』袴田里見　新潮社　一九七八年
『私の戦後史』袴田里見　朝日新聞社　一九七八年
『共産党員の品性』紺野与次郎　新日本出版社　一九六六年
『ドキュメント　志賀義雄』五月書房　一九八八年
『偽りの烙印　伊藤律・スパイ説の崩壊』渡部富哉　五月書房　一九九三年
『生還者の証言　伊藤律書簡集』渡部富哉監修　五月書房　一九九九年
『日本共産党の最新レトリック』筆坂秀世　産経新聞出版　二〇一九年
『日本共産党と野党の大問題』筆坂秀世・上念司　清談社パブリコ　二〇一九年
『憲法問題と日本共産党』日本共産党中央委員会宣伝教育文化部編　一九六四年
『憲法の原点　論評と資料』日本共産党中央委員会付属社会科学研究所　新日本出版社　一九九三年
『日本国憲法の誕生』古関彰一　岩波現代文庫　二〇〇九年

『「嘘ばっかり」で七十年』　谷沢永一　講談社　一九九四年
『共産主義の誤謬　保守政党人からの警鐘』　福冨健一　中央公論新社　二〇一七年
『日本共産党の正体』　福冨健一　新潮新書　二〇一九年
『連合赤軍』　読売新聞社会部　潮出版社　一九七二年
『竹中労行動論集　無頼と荊冠』　竹中労　三笠書房　一九七三年
『六〇年安保　センチメンタル・ジャーニー』　西部邁　文藝春秋　一九八六年
『新左翼三十年史』　高木正幸　土曜美術社　一九八八年
『新左翼運動四〇年の光と影』　渡辺一衛・塩川喜信・大藪龍介編　新泉社　一九九九年
『りんごの木の下であなたを産もうと決めた』　重信房子　幻冬舎　二〇〇一年
『新左翼とは何だったのか』　荒岱介　幻冬舎新書　二〇〇八年
『ブント私史』　島成郎・島ひろ子　批評社　二〇一〇年
『唐牛伝　敗者の戦後漂流』　佐野眞一　小学館　二〇一六年
『暴君　新左翼・松崎明に支配されたJR秘史』　牧久　小学館　二〇一九年
『共産党市長でえらいすんまへん』　津田一朗・かたおかしろう　清風堂書店出版部　一九八六年
『日本共産党「政権参加」近し！』　木下義昭・早川一郎　世界日報社　一九九八年
『日本共産党のいま』　北中俊三　日本経済通信社　二〇〇〇年
『日本共産党の深層』　大下英治　イースト新書　二〇一四年
『洛陽に吼ゆ　蜷川虎三回想録』　蜷川虎三　朝日新聞社　一九七九年
『虎三の言いたい放題』　蜷川虎三　「虎三の言いたい放題」刊行委員会　一九八一年
『私は闘う』　野中広務　文春文庫　一九九九年
『野中広務 権力闘争全史』　大下英治　エムディエヌコーポレーション　二〇一九年

柳原滋雄（やなぎはら・しげお）
1965年福岡県生まれ、佐賀県出身。早稲田大学卒業後、編集プロダクション勤務、『社会新報』記者をへてフリーのジャーナリスト。97年から共産党ウォッチを開始し、2002年に『北朝鮮問題と日本共産党の罪』を上梓の際、民事・刑事で訴えられたが、同党は訴えを取り下げる和解案を許諾、形式的な訴えに終わった。個人的には同党の政権批判に一定の役割を期待するものの、共産主義綱領を掲げたままの政権入りは100％否定する。

ガラパゴス政党　日本共産党の100年

2020年4月25日　初版第1刷印刷
2020年4月30日　初版第1刷発行

著　者　柳原滋雄
発行者　森下紀夫
発行所　論 創 社
東京都千代田区神田神保町2-23　北井ビル
tel. 03（3264）5254　fax. 03（3264）5232　web. http://www.ronso.co.jp/
振替口座　00160-1-155266
装幀／宗利淳一
印刷・製本／中央精版印刷　組版／フレックスアート
ISBN978-4-8460-1930-3